解開黃金與貨幣的價值之謎，用經濟學了解世界的運作方式

世界經濟大發現

目錄

從以物易物開始

國家之間真的能交換物品？**易貨貿易！**... 4

以石頭作為貨幣的島嶼，**雅浦島！**... 9

貴金屬的帝王，**黃金！備受喜愛的原因！**... 17

變成海盜的漁夫，變成銀行家的**金匠！**... 24

信任的力量，泰諾死亡事件與**金本位制！**... 32

走向沒落之路，**諾基亞與黃金！**... 39

物價為何一直飆漲？**通貨膨脹！**... 45

重返以黃金為貨幣的年代？
委內瑞拉與惡性通貨膨脹！... 53

絕對不能停下來，**紅皇后效應！**... 64

最壞的結果是最好的選擇？**囚徒困境！**... 71

最好的選擇和最壞的結果，**公地悲劇！**... 78

意想不到的結果，**外部效應！**... 84

演變至今的經濟變遷史！

心急反而誤事！浴室裡的笨蛋！... 127

足以摧毀一個國家的龐氏騙局！... 132

操控市場運作！看不見的手！... 140

怕了嗎？那就不要玩啊！膽小鬼賽局！... 146

破壞即是創造，創造性破壞！... 152

雙面刃，國營事業與民營化！... 157

你喜歡哪種海？紅海和藍海！... 168

差一點也沒關係，路徑依賴！... 90

以偏概全的認知差異，合成謬誤！... 94

有需求就無法真正解決問題，氣球效應！... 99

異業合作的美學，梅迪奇效應！... 104

小失誤引來大危機，破窗效應！... 109

協和號客機，沉沒成本謬誤！... 117

二次犯罪，窗飾財報！... 122

如果彼此認定的價值不同，也會無法順利成交。

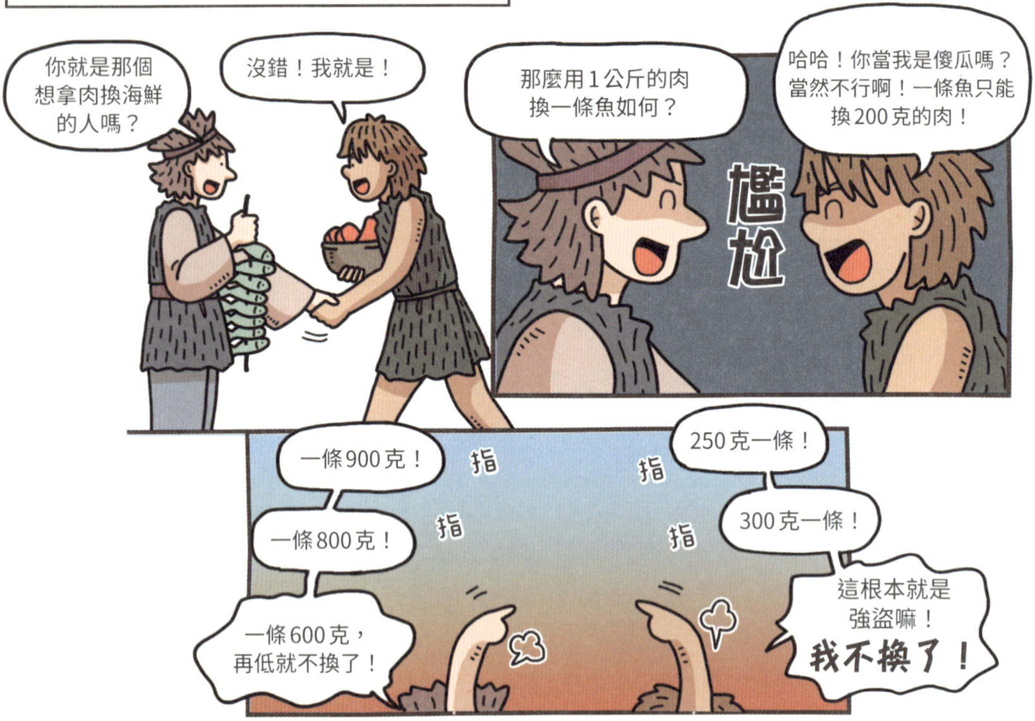

於是，便出現了貨幣這種東西，
因為使用貨幣，就能避免這種事情發生。

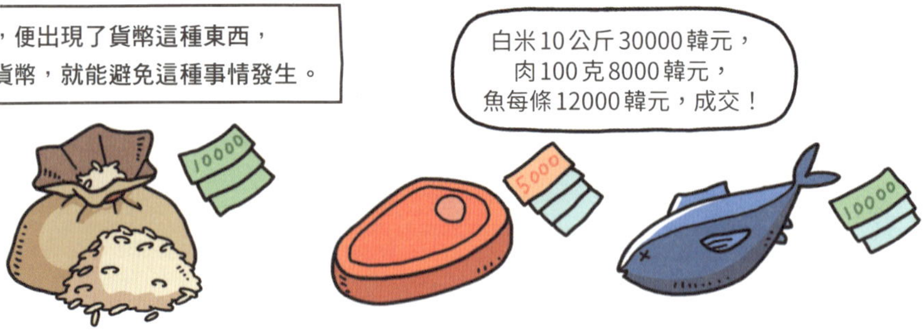

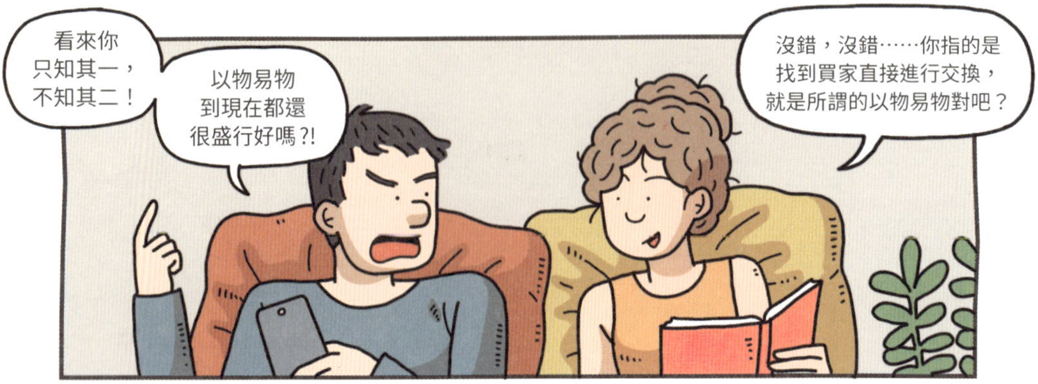

不是!其實以物易物不只是個人,國家之間的貿易往來也是如此。

國與國之間用貨品交換貨品,稱為「**易貨貿易**」,居然連這個都不知道,真是令人吃驚!

這怎麼可能?實在太奇怪了,價值又不一樣,而且明明可以用貨幣交易的……

價值雖然不同,但只要雙方達成協議就行。

舉例來說,用飛機和石炭進行交換,假設一台飛機是1000萬,一個石炭是10元。

1000萬　　10元

那麼用100萬個石炭交換一台飛機也可以，不是嗎？

但、但是這樣的話，跟直接用錢買沒什麼兩樣啊……

你果然對金錢有很大的誤解，錢不只是價值交換的工具。

是因為人們相信這小小的紙張具有價值，才能用紙鈔買得到東西。

可以說是為了方便促成以物易物而創造出來的一種工具！

還有，易貨貿易乍看之下雖然與用金錢直接往來貿易毫無二致，

其實那不是石炭，而是錢啦！

但這麼做可以讓目前手上沒有現金的國家也有機會透過這種方式進行交易。

我沒錢耶……怎麼辦?!

那就拿東西來換吧，這樣也行。

再加上，由於沒有金錢流動，在產生利潤之前不必立刻繳納稅金，讓資金運用更具靈活性。

把沒用到的錢換成其他東西好了。

這樣你還覺得以物易物過時了嗎？

8

Chapter 2 以石頭作為貨幣的島嶼，雅浦島！

韓國的韓幣

美國的美金

中國的人民幣，日本的日圓。

世界上有各式各樣的貨幣。

€ 歐元　在法國、德國和義大利等歐洲國家使用

₱ 披索　在阿根廷、智利、哥倫比亞和菲律賓等國家使用

£ 英鎊　在英國、愛爾蘭和埃及等國家使用

Rs 盧比　在印度、巴基斯坦、尼泊爾和斯里蘭卡等國家使用

大部分的紙幣都是用塑膠或被稱為「落棉」的棉花纖維延展做成像紙張一樣的材質，

錢幣則是用銅、鎳、鋁和鋅等金屬製成的。

但有些地方仍使用石頭做成的貨幣進行交易。

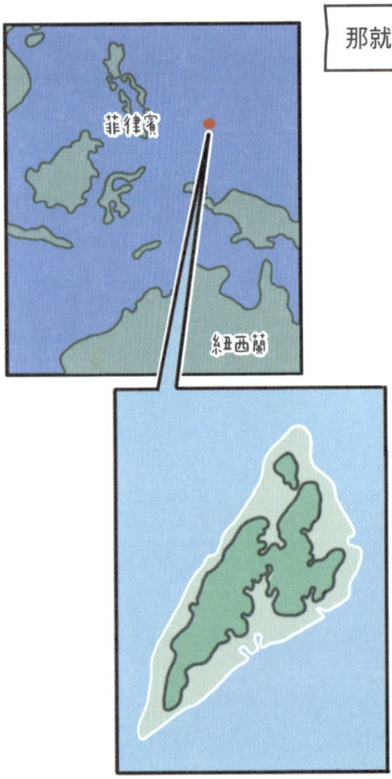

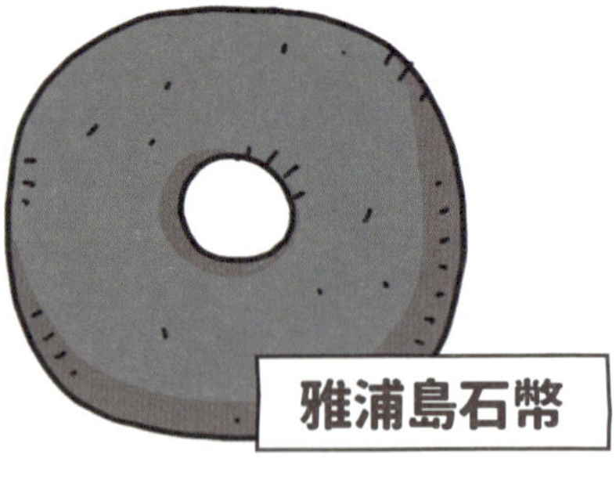

從那之後,人們就開始以給予某樣物品作為交易手段來換取其他物品。

就像我們現在使用紙鈔或硬幣一樣,最一開始是把物品當作錢使用,這就是所謂的商品貨幣!

雖然作為商品貨幣的物品,隨著區域不同而有很大的差異,但仍比以物易物來得方便許多。

例如,距今5000年前,在今日被稱為「蘇美爾」的中東地區,就曾經拿大麥當作錢使用。

勞動者工作完後可以獲得大麥作為報酬。

就像現在工作完後領月薪或日薪一樣!

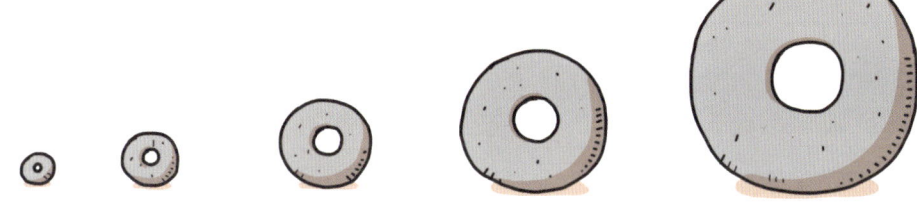

石幣從最小的7公分,到最大的4公尺,有各種不同的尺寸,一般來說尺寸愈大代表價值愈高。

Chapter 3 貴金屬的帝王，黃金！備受喜愛的原因！

或許有人不知道 Pasta 和 Spaghetti 的差別，

Pasta：義大利麵的總稱
Spaghetti：義大利式細麵

但世界上大概沒有人不知道黃金和銀的差別。

在路上隨便找個人問，任誰都回答得出來**黃金**和銀的差別。

銀嗎？
是僅次於黃金的貴金屬啊！

金的元素符號為Au，原子序79。自古以來是人們認為最貴重同時也是最喜歡的元素。近1000多年來，人們一直希望利用煉金術以人工的方式製作黃金，黃金也被拿來當作裝飾品和資產投資。此外，在牙科、電子工業、醫療診斷及治療等領域，黃金也都被視為重要資產。在還沒開始使用金幣之前就被當成貨幣使用，可以說和人類的生活密不可分。

黃金是最貴重的貴金屬，其次是銀。

世界各地都一樣！

異口同聲

17

貴金屬中為何又以黃金最為珍貴呢？

以價格而言，黃金比銀貴70倍，比銅貴6200倍，為什麼會這樣呢？

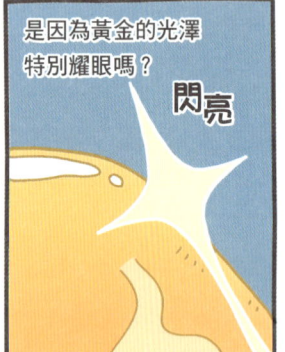  

自古以來，無論在何處，**黃金**都被當成貨幣使用。

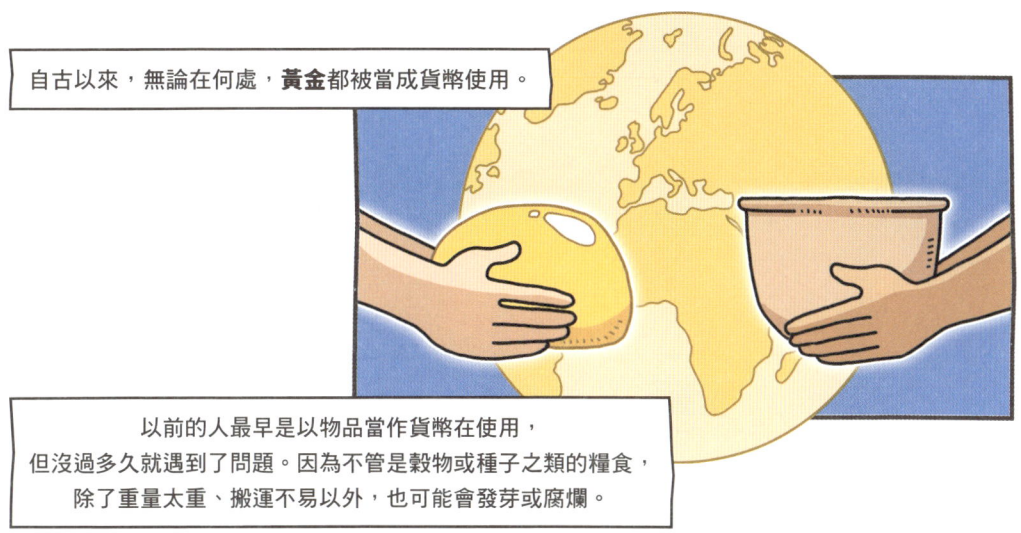

以前的人最早是以物品當作貨幣在使用，但沒過多久就遇到了問題。因為不管是穀物或種子之類的糧食，除了重量太重、搬運不易以外，也可能會發芽或腐爛。

貝殼、羽毛、角等物品，又因為容易刮傷或破損而失去價值。

因此，人們需要更小、更輕、堅固且攜帶方便，同時價值也被大家所認同的物品。

Chapter 4 變成海盜的漁夫，變成銀行家的金匠！

2010年4月4日 三湖夢幻號遭索馬利亞海盜劫持！船上共有5名韓國人、9名菲律賓人

2010年10月9日 金美305號遭劫持！船上共有3名韓國人

2011年1月15日 三湖珠寶號遭索馬利亞海盜劫持！索馬利亞海盜的惡行，猖狂至極！

截至三湖珠寶號事件為止，韓國貨船遭海盜劫持的事件總共有7件。

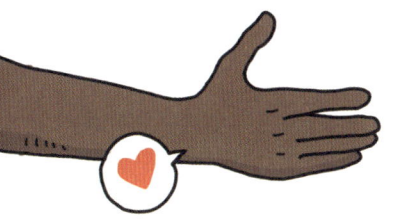
雖然大部分事件都是透過協商支付贖金來救回人質，

但韓國政府認為如果這種狀況一再發生，會不利於國家航運業的發展。

因此當三湖珠寶號事件發生時，決定不進行協商，而是採取營救作戰。

於是派出隸屬韓國青海部隊的海軍特種部隊，成功救出共21名船員，其中有8名韓國船員。這正是名為「亞丁灣黎明作戰」的營救行動！

作戰過程中逮捕了5名海盜，經由韓國法庭審判後，分別被判處13年有期徒刑和無期徒刑等重罰。

27

29

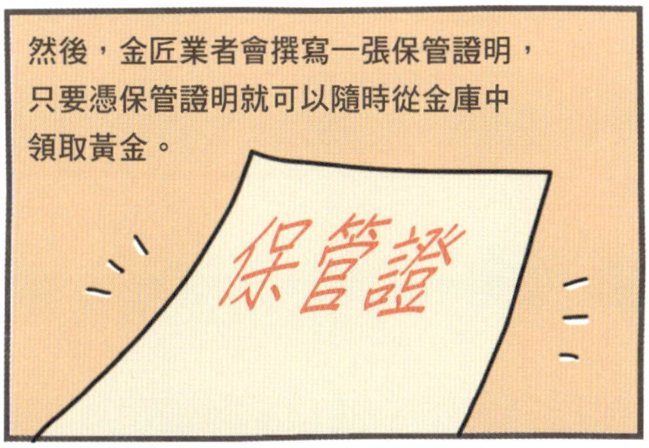

因為保管證比金幣更輕，

起初，金匠業者也感到很困惑，難道大家只需要保管黃金，不需要贖回嗎？
等過了一段時間後，金匠業者才發現到一件事。

於是，金匠業者決定把大家交給他保管的金幣借給需要的人，再收取利息。

人們應該不會起疑心，
誰會想到金匠業者
會騙人呢？

Chapter 5 信任的力量，泰諾死亡事件與金本位制！

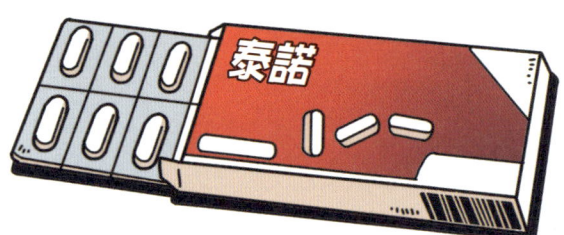

經常用來退燒或止痛的藥物「泰諾」

是由美國嬌生公司製作的藥物，在美國退燒止痛藥市場的市占率高達35%，相當受歡迎。

然而，卻曾經發生過8人在服用泰諾後死亡的事件。

什麼？有人因為吃泰諾死掉嗎？

什麼！服用泰諾會致死嗎？

因此，儘管嬌生公司沒有直接責任，卻還是全面停止生產泰諾和廣告投放。
即使光是藥價就將近1200億，再加上回收費用將會損失慘重，
嬌生公司仍決定立刻回收3100萬瓶的泰諾。

此外，為了防止更多事故發生，持續透過廣告通知消費者
將已經流到市面上的產品換成新品，甚至到處聯繫醫生、醫院和銷售通路。

同時積極回覆輿論意見，對於消費者提出的疑問有問必答。

因此,儘管英國當時在許多場戰爭中贏得勝利,儼然要成為歐洲的霸主,卻面臨了資金的困境。

儘管英國最終打贏法國,成為歐洲的霸主,但國家經濟卻瀕臨崩潰。

因此造就了把鈔票變成黃金的「**金本位制**」。

請大家放心！從現在起，銀行可以幫你們把鈔票兌換成黃金！

要讓大家信任鈔票的唯一方法，就是讓鈔票可以兌換黃金。

可是，這跟金匠有什麼兩樣？金匠不也是這麼做嗎？

金本位制稍微有點不同，有多少黃金才會印製多少鈔票。

例如，假設有價值100萬元的黃金，那就印製價值100萬元的鈔票。

此外，如果想再額外印製價值100萬元的鈔票，就得將價值100萬元的黃金存入金庫。

啊～這就跟嬌生公司做的事情一樣，透過保障恢復大眾的信心對吧？

保證拿鈔票一定可以換得到黃金。

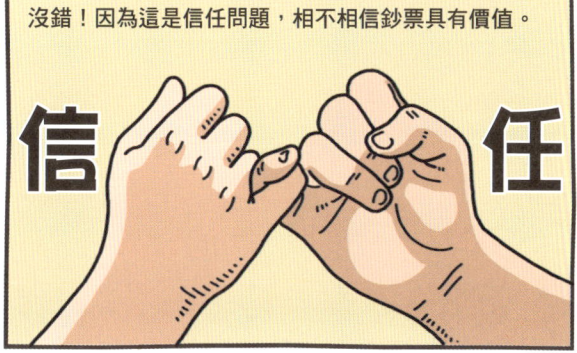

沒錯！因為這是信任問題，相不相信鈔票具有價值。

信 任

就像我們到目前為止介紹過的各種貨幣一樣。
無論是以物易物，
或是商品貨幣，
還是金屬貨幣，
甚至是鈔票，
都是同樣的道理。
只有當人們相信貨幣具有價值，
並且可以交換到其他商品或服務時，
貨幣才能發揮作用。
真是難以想像，
我一直以為只有
數字才重要……

Chapter 6 走向沒落之路,諾基亞與黃金!

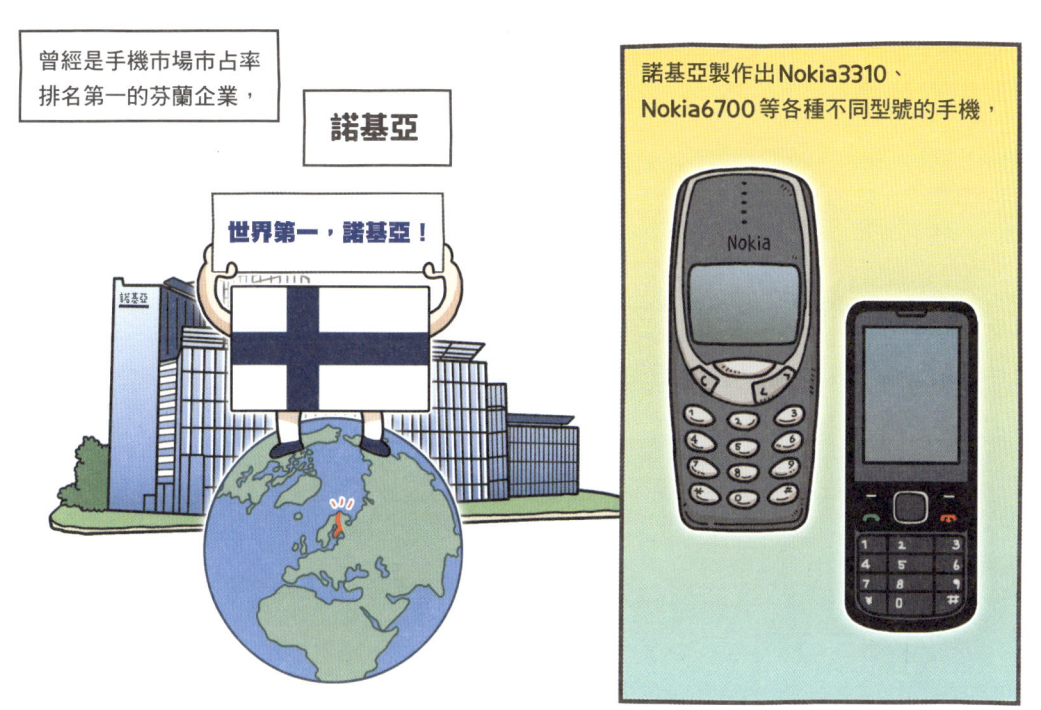

曾經是手機市場市占率排名第一的芬蘭企業,

諾基亞

世界第一,諾基亞!

諾基亞製作出Nokia3310、Nokia6700等各種不同型號的手機,

它曾經是一家稱霸全球的大公司,全球市占率超過40%。從1998年至2011年,整整13年來從未跌落手機市場第一名的寶座。

這是我第一次聽到有這樣一間公司耶?也是第一次看到這種智慧型手機!

喂……這不是智慧型手機啦!是被稱為功能型手機的舊手機。

你當然沒聽過諾基亞,因為這間公司從2011年就開始走下坡,不到3年就宣布倒閉。

曾經稱霸全球不可一世的諾基亞，
原以為會一直穩居龍頭地位，
諾基亞
1
沒想到卻很快跌到谷底。
諾基亞
智慧型手機？都已經可以用手機玩遊戲、拍照，沒有手機做不到的事！
當時手機市場逐漸從功能型手機轉向智慧型手機，但諾基亞卻沒有跟上腳步。
並且想要在晚了一步才加入的智慧型手機市場中
銷售額怎麼會這樣……得研發智慧型手機！
開發像是iOS或Android等作業系統時都遇到困難，諾基亞公司迎來巨大的危機。
諾基亞
諾基亞
在2012年，諾基亞的總部大樓以1億7000萬歐元，換算成約新台幣58億元的價格售出。
sold out
最後手機部門也在2013年被賣掉。貪圖一時的安逸，結果導致諾基亞徹底失敗。
手機部門
sold out
NOKI

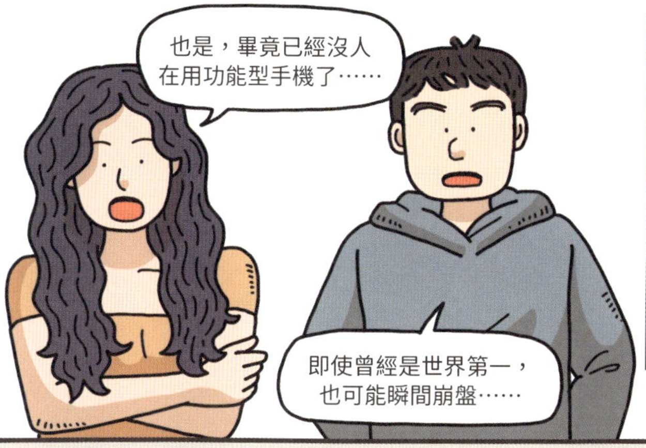

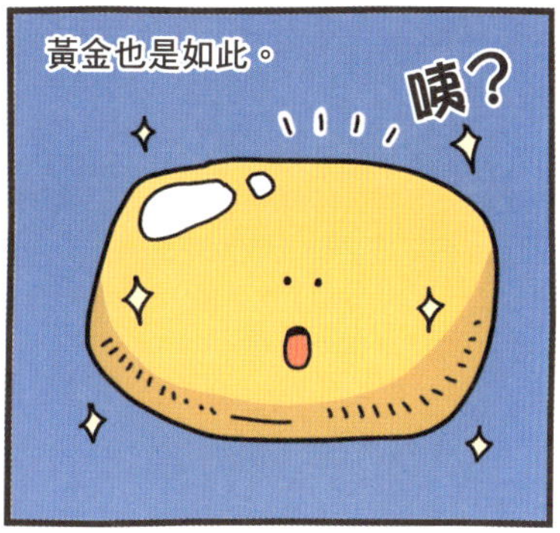

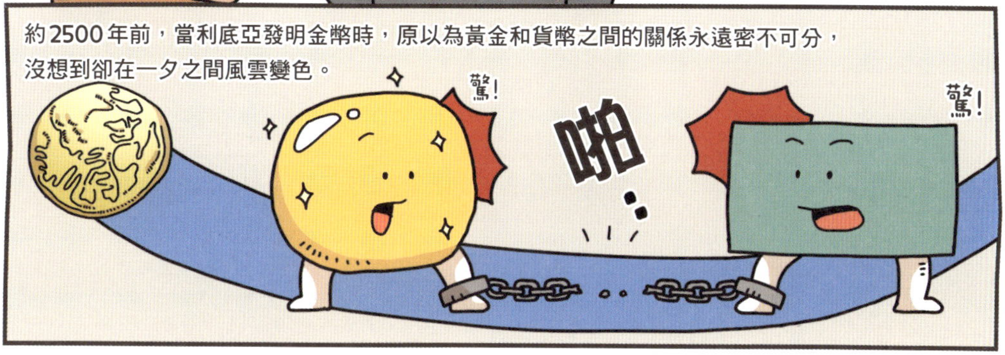

因為各國決定廢除金本位制度。

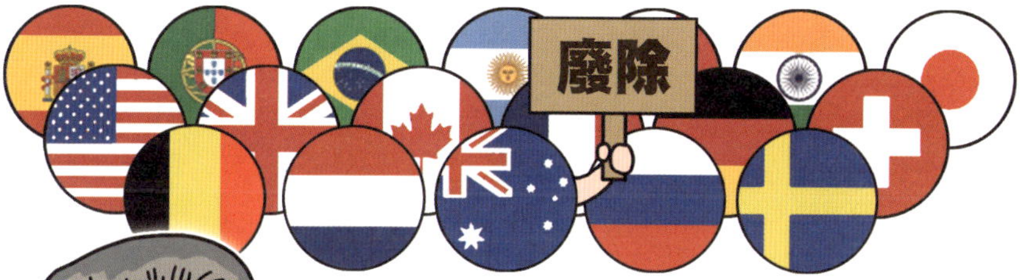

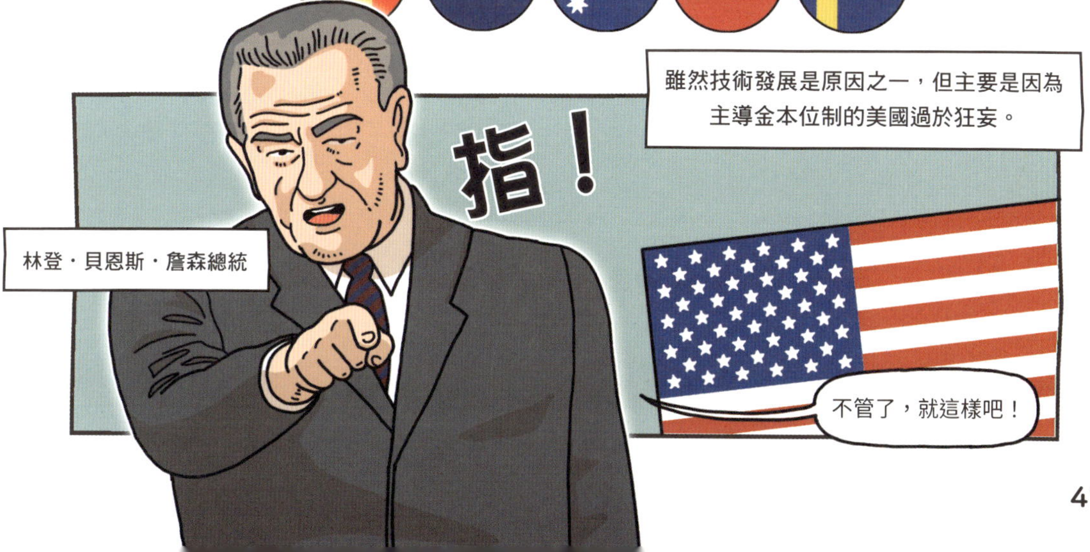

原則上,金本位制是一種以持有的黃金量印製同等價值紙鈔的制度。

然而,當時主導金本位制的美國卻不是這麼做。

哼

我們可是世界最強的國家!

當時,美國和以前被稱為「蘇聯」的俄羅斯持續冷戰中,

吼 吼 吼——...

再加上投入了許多場戰爭,尤其是越戰時,斥資金額相當可觀。

因此,美國開始狂印鈔票,根本不管自己持有多少黃金。

這樣可以創造出1億美金吧!

何止如此!創造2億,不對!10億也沒問題!

啪 啪 啪 啪——!

先用再說吧!之後再挖金礦補齊就好,哈哈哈!

就像諾基亞無視智慧型手機市場一樣,美國也犯了輕忽金本位制度的錯誤。

因此，包括英國在內的世界各國對此相當震怒。

生氣

像這樣濫印鈔票，我們手上持有的美金豈不就貶值了！到底在幹嘛？

那幹嘛還要實施金本位制？實在忍無可忍了！

勃然　大怒

於是，各國紛紛要求將美金兌換成黃金。

立刻兌換！信不過你！

嘩唰唰

當時，美國利用各種藉口逃避各國的兌換要求。

不能換。

好啊！我懂了！你要這樣一意孤行是不是？

以為我們好欺負是不是！

當時，美國剛好在長達15年的越戰中嚐到第一次的失敗，無法從中獲得任何好處。

以為這場仗只要打1年就好……唉……

雖然還沒有輸，但先撤退吧！

幾經思考後，美國最後決定放棄金本位制度。

我是美國總統理查・尼克森。

嗯……不好意思……從今天起……不會再幫大家把美金兌換成黃金了……

因為是在毫無預警的情況下突然宣布這個消息，震驚了世界各國。

喂喂別開玩笑了……

驚訝！

就叫你不要再開玩笑了！

43

世界經濟陷入巨大動盪。

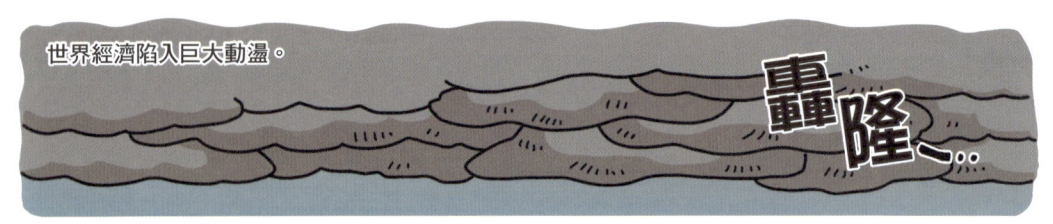

轟隆～..

上——漲——

下滑

各國物價和原油價格大幅上漲，全球經濟成長率一路下滑。

太可怕了，諾基亞和美國怎麼會做出這樣的決策……？

如果我是老闆或總統，才不會讓這種事發生……

別說這種放馬後炮的話了。

當然，隨著技術發達，產能大幅提升，產品供貨量供過於求。

嘰 嘰——..

加上黃金的產量有限，許多人預測金本位制應該很快就會走入歷史。

剪斷

但長久以來關係密不可分的黃金和貨幣，卻突然一下子切斷了聯繫。

Chapter 7

物價為何一直飆漲？
通貨膨脹！

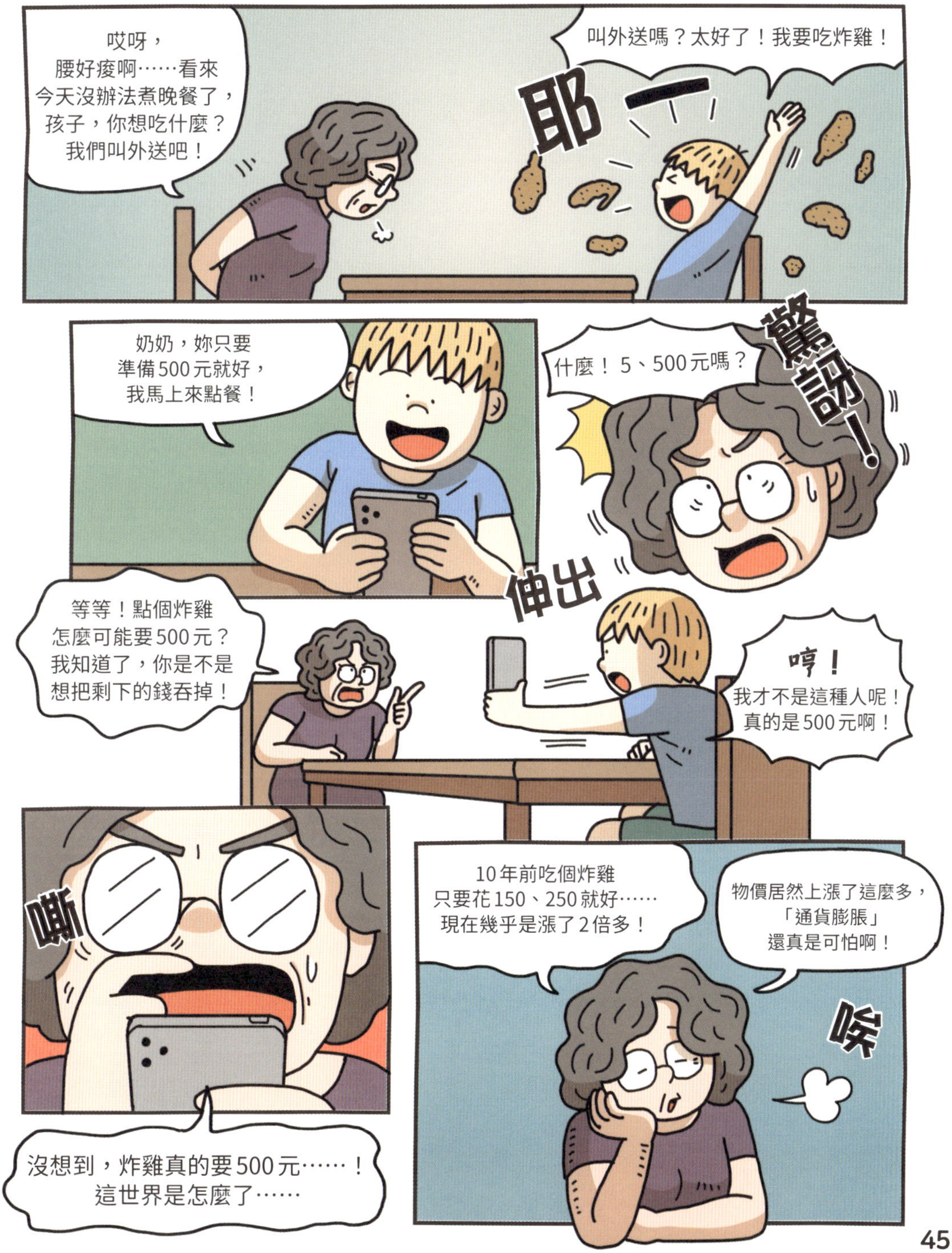

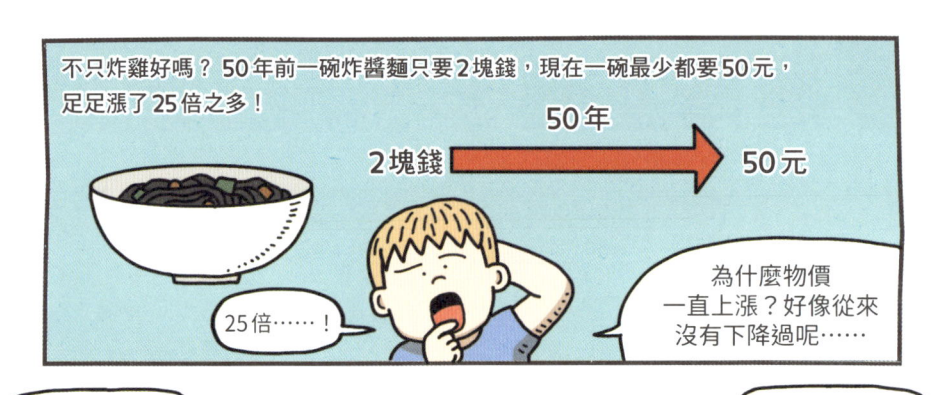

不只炸雞好嗎？50年前一碗炸醬麵只要2塊錢，現在一碗最少都要50元，足足漲了25倍之多！

2塊錢 —50年→ 50元

25倍……！

為什麼物價一直上漲？好像從來沒有下降過呢……

交出來！交出來！ (需求)　一般來說跟供給和需求有關。　拿去吧！拿去吧！ (供給)

當供給不足，

可供貨量銷售一空。

驚

或是需求增加時，物價就會上漲。

把東西賣給我吧！我們有錢！

不過，其實還有其他原因……

是什麼原因？

那就是錢的量變多的關係！

什麼意思……？錢的量變多物價會上漲？

46

我們大多都認為錢是從中央銀行製造出來的，當然這是事實沒錯。問題是，那只是市面上流通的錢當中的一小部分。

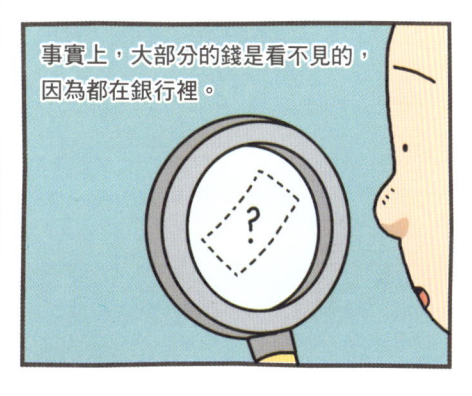

當提到錢時，一般人通常會想到鈔票或硬幣，

事實上，大部分的錢是看不見的，因為都在銀行裡。

什麼嘛～這不是理所當然的嗎？把錢存在銀行才有利息，也可以向銀行借貸不是嗎？

才不是！看來你對銀行太不了解才會這樣說！

銀行就像是讓錢愈滾愈大的爆米花機！

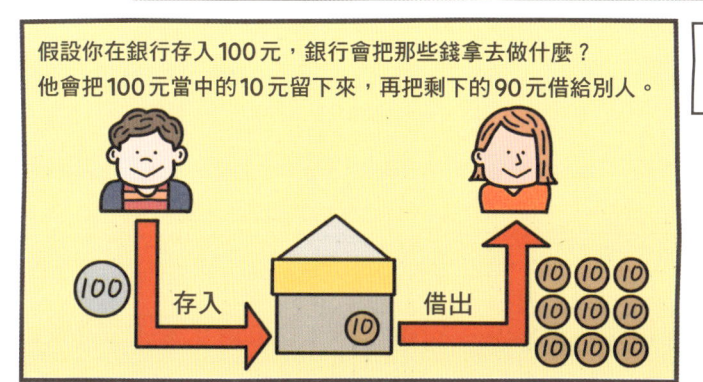

假設你在銀行存入100元，銀行會把那些錢拿去做什麼？他會把100元當中的10元留下來，再把剩下的90元借給別人。

你和借錢的人加起來可以用的錢，就變成是190元。

咦？怎麼
可以這樣？
我以為隨時可以把錢
拿出來才把錢存在銀行的。
而且為什麼還要特地
把10元留下來？
這是政府和銀行
講好要這麼做的。
如果有人把錢存進來
要留下其中的10%，
剩下的90%政府同意
可以作為借貸用。
這就是所謂的存款準備金比率，
以防有人
隨時來提款，
得預留10%才行！
10
銀行藉由貸款增加營收，
這是我們一般都知道的事。
唰
嘩！
因此，我們的存款大部分都不在銀行，
而是被借出去居多。
國家的存款準備金比率是由中央銀行決定的。
台灣大約是5.75%左右。

那麼，當準備金比率為5.75%時，錢會增加多少呢？假設中央銀行決定新增發行5000億元，實際上會有更多的錢在市面上流通。

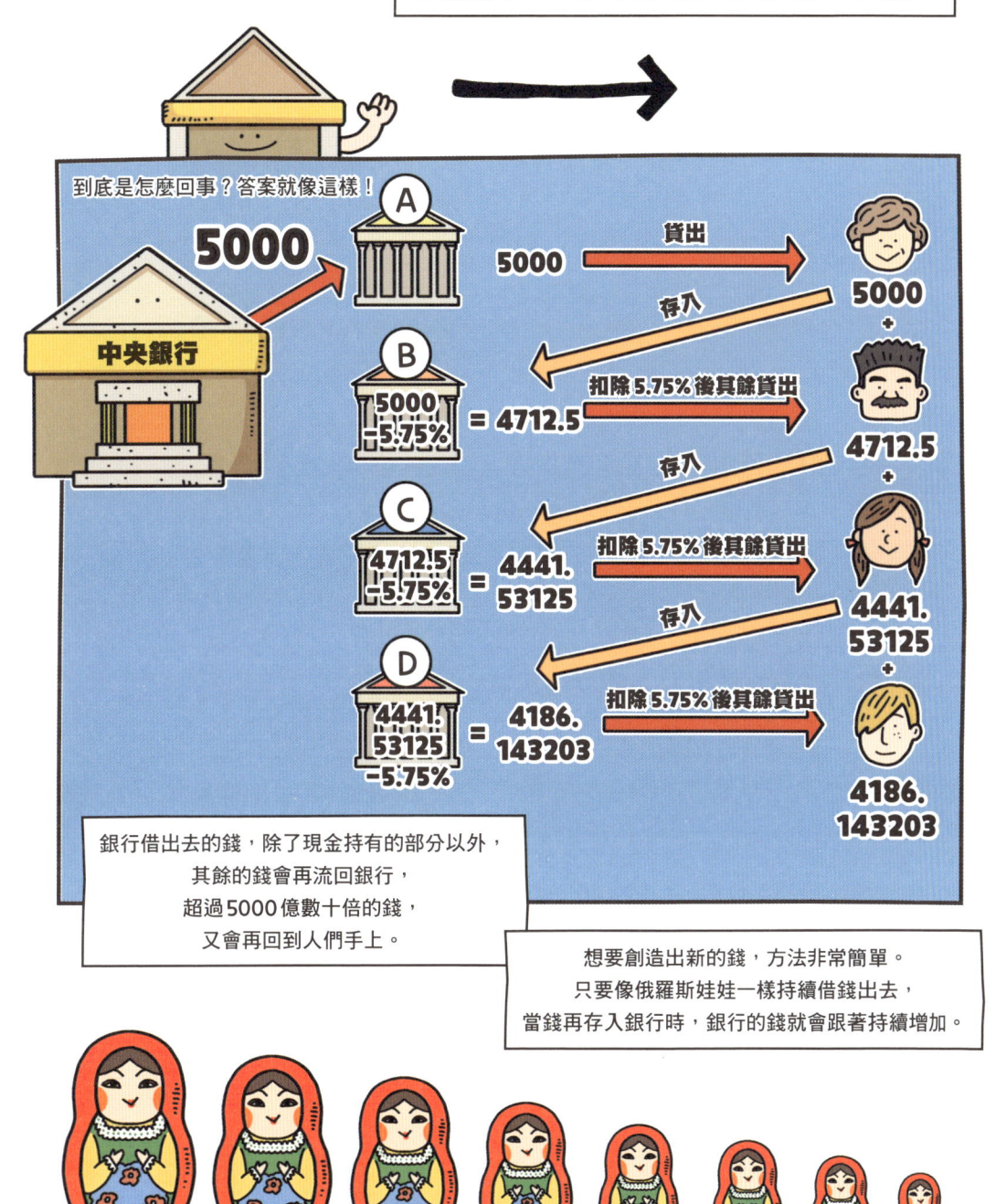

到底是怎麼回事？答案就像這樣！

中央銀行 → 5000 → A

A: 5000 —貸出→ 5000
← 存入 ←

B: 5000 − 5.75% = 4712.5 —扣除5.75%後其餘貸出→ 4712.5
← 存入 ←

C: 4712.5 − 5.75% = 4441.53125 —扣除5.75%後其餘貸出→ 4441.53125
← 存入 ←

D: 4441.53125 − 5.75% = 4186.143203 —扣除5.75%後其餘貸出→ 4186.143203

銀行借出去的錢，除了現金持有的部分以外，其餘的錢會再流回銀行，超過5000億數十倍的錢，又會再回到人們手上。

想要創造出新的錢，方法非常簡單。只要像俄羅斯娃娃一樣持續借錢出去，當錢再存入銀行時，銀行的錢就會跟著持續增加。

49

因此，市面上流通的錢，比中央銀行發行的錢還要來得更多。

當市面上流通的錢愈來愈多時，貨幣就會跟著貶值，出現「**通貨膨脹**」的現象。

嗶 啪 唰⋯

那不要再印鈔票不就好了嗎？

但是中央銀行別無選擇，只能繼續印製鈔票。

假設一座孤島上只住了3位居民，

A B C

A發行的錢剛好是10000元。

B以年利率5%，向A借了這筆錢。

一年後的利息是500元，B要還給A一共10500元。

10500元

50

B用借來的10000元，向C買了一艘船，認真捕魚後，再把漁獲賣給C。
10000
認真
認真
這樣一年後，B還得起10500元嗎？
嘻
可惜的是，絕對還不起。
因為島上的錢就只有10000元。
B就算捕到魚，把漁獲賣給C，
湊了整座島上所有的錢，最終就只有10000元。
島上不會平白無故多出500元，
所以一開始就根本不可能還得出500元的利息。
那這樣怎麼辦？
所以只能再多印製鈔票囉～
A必須再多發行500元，再把錢借出去。
500
鏘
例如，假設C向B購買漁獲，
除了花光自己本來的10000元之外，
再跟A多借500元，
500
現在島上一共就有10500元了。
10000
500
當B把漁獲賣給C後，連同C借到的500元，雖然可以還得起10500元，
但向A借500元的C，要怎麼生出本金和利息償還呢？
就算把島上的錢全加起來，也只有B要還給A的10500元而已。
NEW
10000
500
沒辦法，只好再印鈔票借給其他人，
這就是為什麼中央銀行必須持續不斷印製鈔票的原因。

最後市面上流通的錢愈來愈多，

滿坑滿谷…

貨幣的價值就會逐漸下降。

物價也會隨之提升。

這就是通貨膨脹！

因此，中央銀行的角色相當重要。透過調整利率和貨幣發行量可以讓經濟維持穩定，但也可以讓經濟崩盤。

70000

上升

所以，您的意思是通貨膨脹是阻止不了的嗎？

沒錯！

通貨膨脹是每個國家都會經歷的經濟現象，這是很正常的，但問題在於通貨膨脹率。

此外，只要通貨膨脹的速度不要太快，這也可能是件好事。

太棒了！通貨膨脹！

因為那表示經濟正在持續正常成長，

當錢愈來愈多時，也可以感受到更豐富的物質生活！

Chapter 8 重返以黃金為貨幣的年代？委內瑞拉與惡性通貨膨脹！

> 兒子，發生什麼事了？你看起來臉色很差耶……

> 沒事啦……只是做惡夢而已。

暈

我夢見媽媽給我 1000 元的零用錢，

想說可以拿這些錢買餅乾和可樂，在家看恐怖片，結果卻跟我想的不一樣。

Ho Ho Ho Ho

物價貴得不像話，貴到根本買不起！

驚！

POTATO 1萬元　4千元

想去朋友家玩，但不管是借腳踏車或是坐捷運，

2千元　呃呃啊─！　4千元

還是搭計程車去，都一樣貴得離譜！

10萬元

> 是因為昨天的新聞嗎？
> 看了委內瑞拉的新聞後才做了惡夢吧！

> 委內瑞拉？

2021年10月之前在委內瑞拉，一瓶2公升的可樂售價800萬玻利瓦，公車票價是200萬玻利瓦，一塊麵包售價700萬玻利瓦，物價上漲的程度相當驚人。

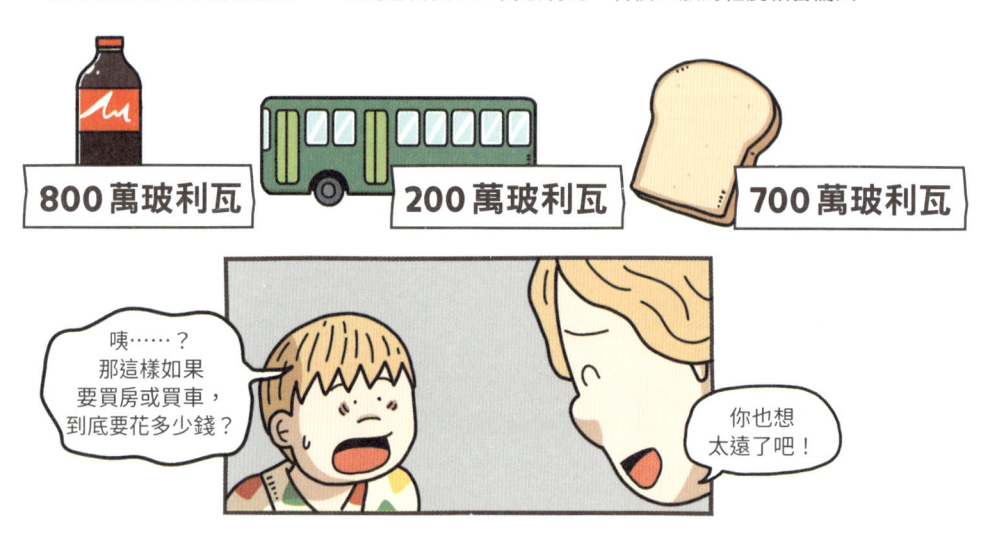

800萬玻利瓦　　**200萬玻利瓦**　　**700萬玻利瓦**

> 咦……？
> 那這樣如果要買房或買車，到底要花多少錢？

> 你也想太遠了吧！

因為以這種可怕的物價來說，根本沒有人買得起房子或車子！

UP!!

這就是所謂的**惡性通貨膨脹**！

就字面上的意思來看，惡性通貨膨脹指的就是相當嚴重的通貨膨脹。正確來說，是指在1個月內物價比上個月漲了超過50%。

光是每個月只漲50%，只要1年的時間，物價就會比原本漲約129.75倍。

將近130倍！

2019　　2020

一旦國內發生惡性通貨膨脹，原本一份500元的炸雞，1年後就會漲到6萬5千元，2年後就會變成要掏出845萬才吃得起炸雞。

然而，委內瑞拉在2018年這一年內，物價就足足上漲了653倍。

2018年　**653倍**　**UP!**

在2021年這一年，物價也上漲了將近65倍左右，

呃啊

真的這麼貴嗎？這麼貴要怎麼活啊？

就算價格是幾百萬、幾千萬也不奇怪。

沉重

唉

55

因此,在委內瑞拉幾乎不用玻利瓦交易,將近60%的交易都是使用美金。

甚至每個地區使用不同的貨幣交易,形成了相當複雜的貨幣流通結構。

加拉加斯 美國 **美金** $

聖克里斯托瓦爾 哥倫比亞 **披索** ₱

圖梅雷默—埃爾卡亞俄 **黃金**

聖埃倫娜德瓦伊倫 巴西 **雷亞爾** R$

其中,在「圖梅雷默—埃爾卡亞俄」地區,使用了大家非常熟悉的物品作為貨幣進行交易。

那就是黃金。
村民們使用黃金進行交易,並會把黃金切成小塊小塊的放進口袋攜帶。

就像以前使用金幣或銀幣交易一樣。

無論是住飯店，

或是買東西吃，

還是上理髮院。

甚至逛街購物，不管做什麼都可以用黃金交易。

據居民們所述，黃金不需要再另外秤重，因為人們已經相當習慣用黃金交易，光看一眼就能猜出有多重。

0.125克不用秤也知道～

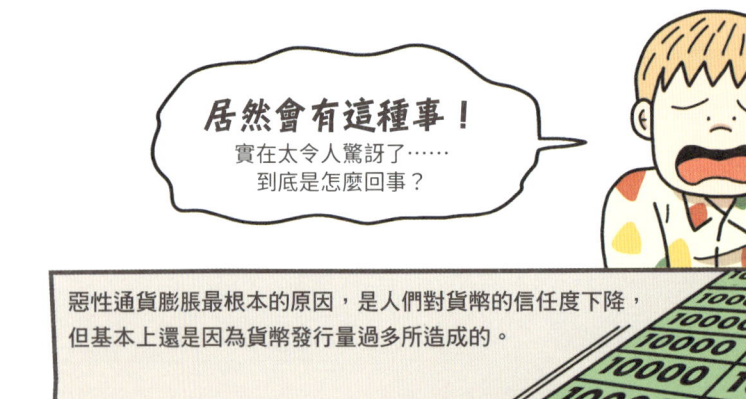

居然會有這種事！
實在太令人驚訝了……
到底是怎麼回事？

惡性通貨膨脹最根本的原因，是人們對貨幣的信任度下降，但基本上還是因為貨幣發行量過多所造成的。

像是發生戰爭時，

或是社會恐慌，

還有國家瀕臨破產等緊急狀態，

在別無選擇的情況下，或是沒有考慮到未來，就想透過瘋狂印鈔票的方式先解決眼前的問題，才會導致後續的問題發生。

就先這樣吧！
先解決燃眉之急再說！

如果可以透過印鈔票來解決問題，那不是很好嗎？

為什麼會導致惡性通貨膨脹？

這是一個非常複雜的問題，但簡單來說是這樣的。

假設在一個只有100包餅乾的餅乾國裡，錢也只有1000元，在這個國家裡一包餅乾就是10元。

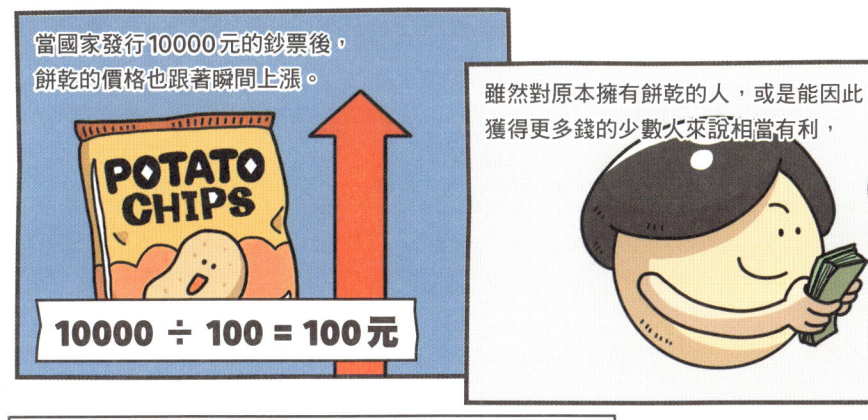

X100

1000 ÷ 100 = 10元

可是，如果政府突然需要9000元，發行更多鈔票時，情況會變得怎樣？

我需要9000元！

啊……等等，這下怎麼辦……

真是的！當然要先解決緊急的事情啊！

當國家發行10000元的鈔票後，餅乾的價格也跟著瞬間上漲。

10000 ÷ 100 = 100元

雖然對原本擁有餅乾的人，或是能因此獲得更多錢的少數人來說相當有利，

但另一方面，許多人就算有錢也買不起東西，反而造成更大的損失。人民開始對鈔票失去信任，轉而用黃金交易。

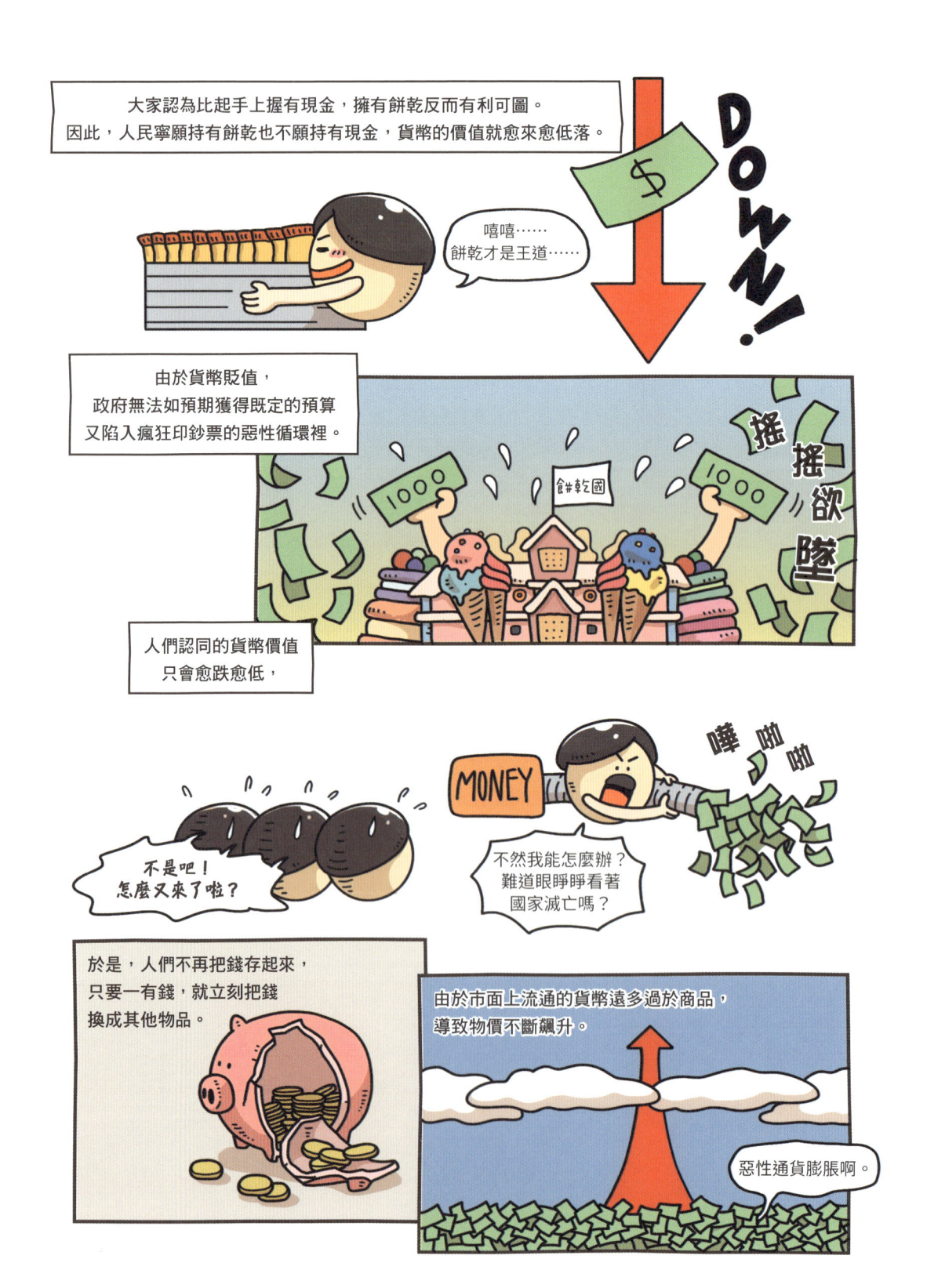

大家認為比起手上握有現金，擁有餅乾反而有利可圖。
因此，人民寧願持有餅乾也不願持有現金，貨幣的價值就愈來愈低落。

嘻嘻……
餅乾才是王道……

由於貨幣貶值，
政府無法如預期獲得既定的預算
又陷入瘋狂印鈔票的惡性循環裡。

搖搖欲墜

人們認同的貨幣價值
只會愈跌愈低，

不是吧！
怎麼又來了啦？

不然我能怎麼辦？
難道眼睜睜看著
國家滅亡嗎？

於是，人們不再把錢存起來，
只要一有錢，就立刻把錢
換成其他物品。

由於市面上流通的貨幣遠多過於商品，
導致物價不斷飆升。

惡性通貨膨脹啊。

這也是為什麼政府不太會因為物價變貴,就突然大量印製鈔票,
或硬性規定產品和服務的價格。

最近物價是怎樣?政府應該印鈔票分給人民!

天啊!這東西怎麼又變貴了?快點降價吧!

啊啊!

少在那邊無理取鬧了!

雖然委內瑞拉可以算是相當特殊的案例,
但會造成惡性通膨,其實也是咎由自取。
因為委內瑞拉國家的經濟命脈全數仰賴石油產業,
產業結構呈現失衡狀態,

惡性通貨膨脹!過來吧!

與其他石油國家不同的是,委內瑞拉並沒有把賺來的錢投資到其他產業,
而是透過社會福利政策大量撒錢,把錢都花在人民身上。

這樣真的沒問題嗎?

哇哈哈哈哈哈

在這樣的情況下,如果油價上漲,
當然可以維持榮景,但油價一旦下跌,
就會面臨經濟危機,是非常冒險的行為。

61

因此在 2013 年之前,由於油價跌幅不大,委內瑞拉才得以維持經濟水平。

> 委內瑞拉太棒了!我很慶幸一出生就是委內瑞拉的國民!

HA HA HA

結果,在那之後油價開始暴跌,委內瑞拉的經濟一落千丈。

下跌 驚

政府如果想要達到收支平衡,1公升的石油價格必須值1美元,但當時石油的價格每公升只有40美分,根本滿足不了需求。

噔 1L = 40¢ 噔

通常一般正常國家在這種情況下會設法減少政府開銷,尋找其他替代方案。

> 我們先暫停社會福利政策!再想其他的方法解決!

但委內瑞拉除了石油工業之外,幾乎沒有其他產業,再加上政治因素錯綜複雜,政府才會透過狂印鈔票來填補財務缺口。

> 算了……不管了……先印鈔票再說……

MONEY MONEY
MONEY MONEY
MONEY MONEY
MONEY MONEY

由於委內瑞拉大部分的民生用品都是仰賴進口，即使本國貨幣流通數量正常，
實際上貨品卻面臨短缺的現象。
人們就算有錢，也買不到東西。
就算錢再多，也買不到衛生紙！
啊啊！
在那之後，通貨膨脹率急遽飆升，物價每年持續以驚人的速度上漲。
飆升！
到底會漲到什麼程度？
我們國家應該不會發生這種事情吧？
嗯……這很難說，很難保證絕對不會發生。
因為惡性通貨膨脹並不是只會發生在特定的國家，
假設突然發生戰爭，或做出錯誤政策可能也會發生同樣的情況吧？
什麼！

Chapter 9 絕對不能停下來，紅皇后效應！

《愛麗絲夢遊仙境》是講述一位少女在神奇國度裡冒險的故事，這個故事其實還有續集。

那就是《愛麗絲鏡中奇遇》。

Through the Looking Glass and What Alice Found There

離開神奇國度後，大約過了6個月，某天愛麗絲和貓咪玩耍時，突然很好奇魔鏡裡的世界。

令人驚訝的是，愛麗絲居然穿越過魔鏡，進入到鏡中的世界，再次展開另一個奇幻冒險之旅。

64

紅皇后是愛麗絲在魔鏡國度中遇到的角色之一，以下是故事中相當有名的一段對話。

皇后，好奇怪喔！為什麼不管怎麼跑，我們還是在這棵樹下呀？

就像妳看到的一樣，在我的領地中要一直拚命跑才能保持在同一個位置。

這是當然的啊！不然妳以為呢？

如果妳想前進，就必須跑得比現在快兩倍才行！

在我們國家裡，如果像這樣跑這麼久、跑這麼快，通常會跑到其他地方才對。

因為在我們前進的同時，周遭世界也跟著不斷在前進！

「**紅皇后效應**」也是從這個故事中衍生出來的。
簡單來說，就是藉由無止盡的競爭，讓所有公司變得愈來愈強大。

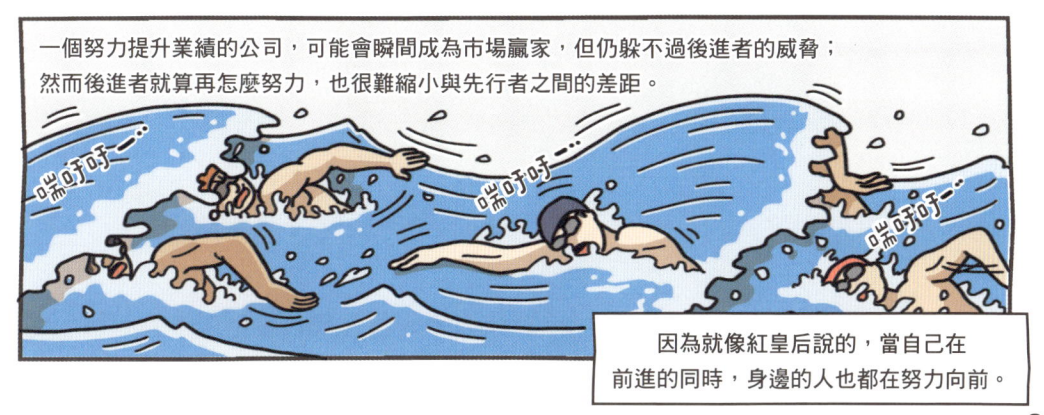

一個努力提升業績的公司，可能會瞬間成為市場贏家，但仍躲不過後進者的威脅；
然而後進者就算再怎麼努力，也很難縮小與先行者之間的差距。

因為就像紅皇后說的，當自己在前進的同時，身邊的人也都在努力向前。

當市場領先者往前衝的同時，後進者也一樣在拚命衝刺；後進者往前衝時，
先行者也沒停下腳步。這也就是為什麼技術雖然會進步，大家卻覺得自己仍像是在原地踏步。
TECHNOLOGY
因此，如果想要遙遙領先其他企業，
就必須付出更多努力，締造更大的成就。
我比你努力十倍，
我要贏了！
儘管如此，卻還是只能勉強維持在同等地位，
或稍微領先而已。
噠噠噠噠
噠噠噠噠噠
衝啊！絕對不能停下來！
停下來就輸了啊！
因此，「紅皇后效應」通常是指為了因應市場變化
不斷拚命努力，但還是比不過競爭對手，
處於原地踏步的狀態。
未免也太嚴峻了吧……
難道沒有其他方法嗎？
沒辦法，
這就是所謂的競爭，
只要跟不上別人的腳步，
就只能等著被淘汰而已。

發明電燈的湯瑪斯‧愛迪生創辦了「GE」這間歷史悠久的公司，最後卻結束燈泡事業；

拋售

最早開始銷售筆記型電腦的日本企業「TOSHIBA」也結束了電腦事業。

跳樓大拍賣

這兩間公司都曾經是「世界首創」，最早搶占全球市場，

但最後卻被後來居上，遠遠落於人後，完全失去競爭力。

落後！

看來他們也不怎樣嘛？

不僅如此，最早將鋰電池商品化，並且讓隨身聽一炮而紅的日本企業「SONY」

最後將電池事業賣給另一間國內公司。

沒想到會有這麼一天……

67

韓國的三星、LG也是如此，原本這兩間公司在半導體、顯示器、電池等電子產業部門，都曾經是全球市占率第一，

但現在卻被中國、台灣的公司迎頭趕上。

尤其是LCD這類的液晶顯示器，已經將第一名的寶座拱手讓位許久。

換句話說，即使是最早創立或穩居第一的公司，面對市場上來勢洶洶的競爭者，如果沒有持續改善品質和提升價格競爭力，到最後也可能會倒閉。

就像在過去，當國家無法鎮壓叛亂就會被推翻，重新建立新的王朝一樣。

我的名字叫「李成桂」，以後沒有高麗這個國家了，只有我所創建的朝鮮王朝。有這麼難過嗎？那就打贏我再說吧！

> 難道大家不能一起停下來嗎?

> 一定要分出誰輸誰贏好令人難過喔……

> 就是說啊！如果可以找到不必競爭又能一起共同成長的方法，說不定可以避免這種悲劇。

> 醒醒吧！少在那邊痴人說夢！如果停下腳步不再競爭，就會變成跟「柯達」一樣！

轉！

柯達曾經是全球底片市場的龍頭企業，

在激烈的競爭中，因為害怕改變，最終被市場淘汰。

> 先暫時不跟大家競爭好了，太可怕了……

事實上，柯達是世界上最早研發出數位型相機的公司，

他們擔心會影響自己底片相機的市場，於是決定中止生產銷售。

> 成功了！終於研發出來了！

> 不行！這樣會讓底片市場萎縮！

> 數位型相機絕對不能開賣！先就此打住！

假如數位型相機沒有問世，以他們在底片相機市場的市占率，是可以繼續維持獲利的。

第一名

然而，隨著數位相機的普及，底片相機市場
迅速萎縮，最後宣告破產，
柯達，你以為只有
你會做嗎？我們也會！
KODAK
咚！
CANON
NIKON
SONY
砰！
柯達完全被市場淘汰。
KODAK
就算一開始遙遙領先，
但因為害怕失去既有的利潤，
最後放棄競爭導致了這樣的結果。
柯達嗎？都是過去式了。
現在流行的是其他品牌。
雖然企業之間的競爭，勢必要分出高下，
有些公司甚至會因此消失，
啪！啪！
但別忘了，正是因為各個領域不斷鑽研技術，
我們的生活才會愈來愈進步。
電動車
轟隆！

Chapter 10 最壞的結果是最好的選擇？
囚徒困境！

哲洙和英熙是兩名銀行搶劫案通緝犯。

假如一起審問兩名嫌犯，不管用盡何種手段拷問，他們都很可能會矢口否認。

因此，把兩個人分開來個別進行審問，

為了讓他們自首，檢察官採取誘敵策略。

如果你們兩個人都認罪，最低就是判處3年有期徒刑。

但如果一個人自首，另一個人否認犯罪，誠實認罪的人將無罪釋放，但不認罪的人，最高可處15年有期徒刑。

如果兩個人都否認，我也拿你們沒轍。

但我會對你們進行身家調查，想盡辦法挖出犯罪事跡，把你們關上1年。

對哲洙和英熙來說，最好的方法是兩個人都否認犯罪，就只會被判處1年有期徒刑。

雖然很委屈，但沒辦法……才1年而已，忍耐一下吧！

但相信同伴會否認，結果對方卻自首的話，就有可能會被判刑15年。

不肯說是不是?!

我相信哲洙……

好大的膽子竟敢否認?!關15年！

哲洙你這個臭小子！怎麼可以這樣對我！

這正是兩名嫌犯面臨的困境，究竟哲洙和英熙會做出怎樣的選擇？

兩個人都否認，只要坐牢1年……但如果英熙自首，就要被關15年。

緊張
不安

緊張
擔心
不安

如果我自首，可能會被釋放……但如果哲洙也自首，就會被關在監獄3年……

答案是「兩個人都自首」。

下次不會再犯了！是我們做的！

沒錯！搶劫銀行的人是我們！

因為不管對方承認或否認，自首對自己都是最有利的。

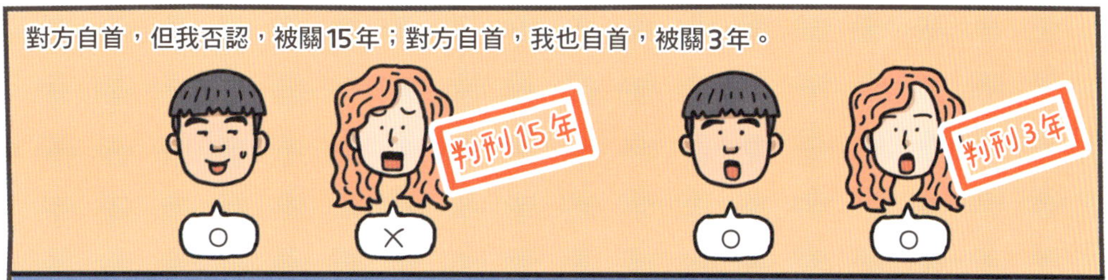

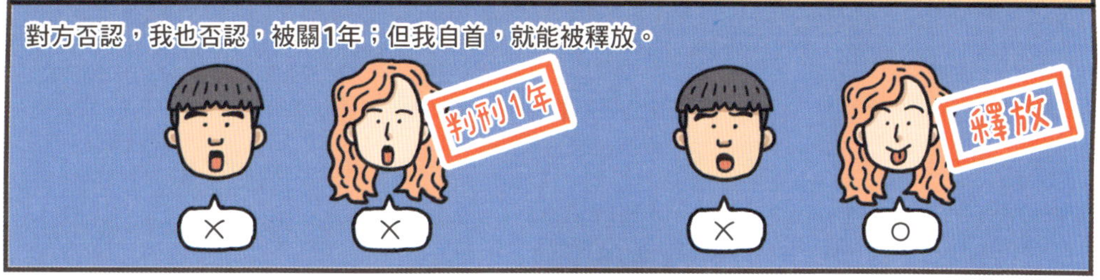

由此可見，對自首的一方
是比較有利的。

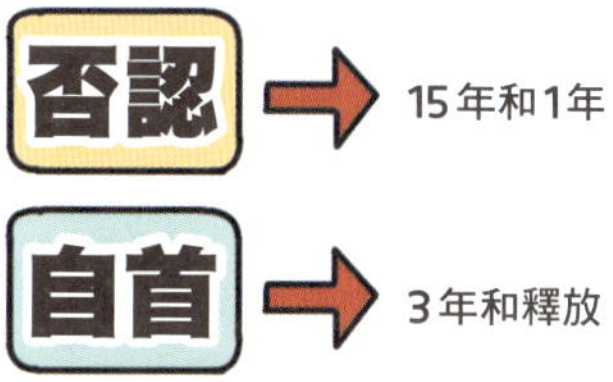

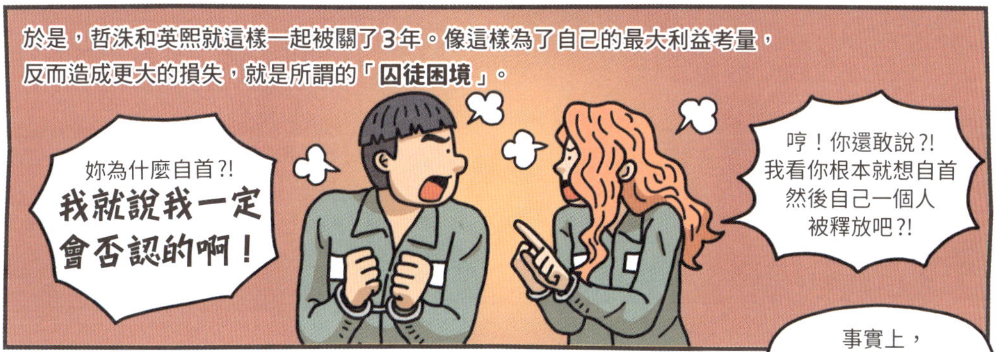

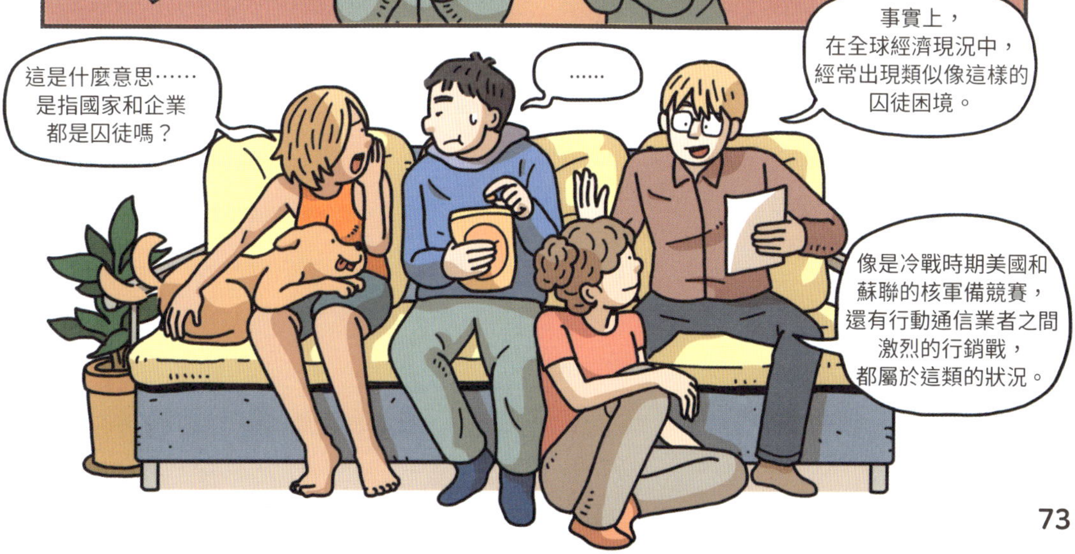

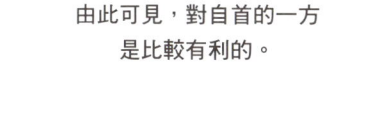

那麼，就先來了解冷戰時期
美國和蘇聯之間的核軍備競賽吧！

水火不容
VS

第二次世界大戰結束後，美國帶領西歐國家，蘇聯帶領東歐國家，兩邊彼此呈現敵對狀態。

怒視

由於美國和西歐國家崇尚資本主義，蘇聯和東歐國家則支持社會主義，
造成意識形態上的衝突與對立。

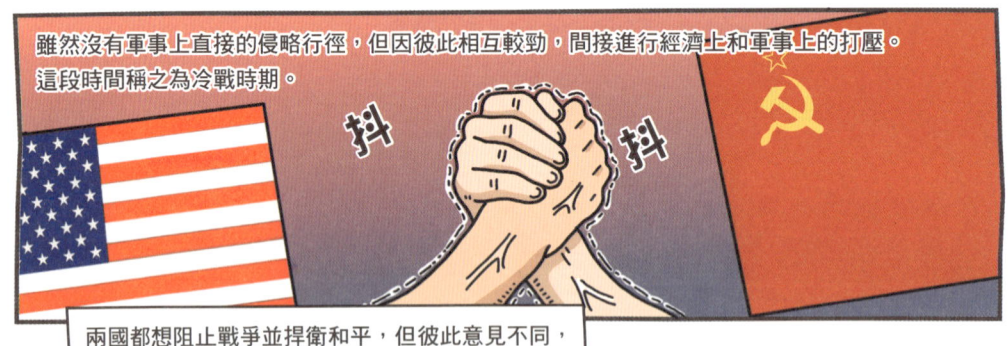

雖然沒有軍事上直接的侵略行徑，但因彼此相互較勁，間接進行經濟上和軍事上的打壓。
這段時間稱之為冷戰時期。

抖 抖

兩國都想阻止戰爭並捍衛和平，但彼此意見不同，
雙方之間的衝突反而愈演愈烈，甚至造成威脅。
當時最大的議題，就是核武器的籌備。

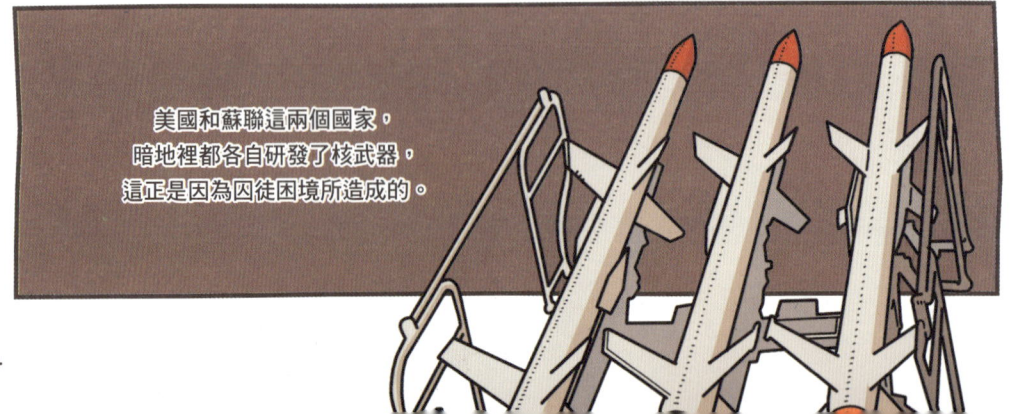

美國和蘇聯這兩個國家，
暗地裡都各自研發了核武器，
這正是因為囚徒困境所造成的。

74

假如美國和蘇聯沒有研發核武器，
就會迎來無核的和平世界，用來製造核武器的資金，
也會挪用到其他地方發展經濟。

兩個國家徹底陷入了囚徒困境。

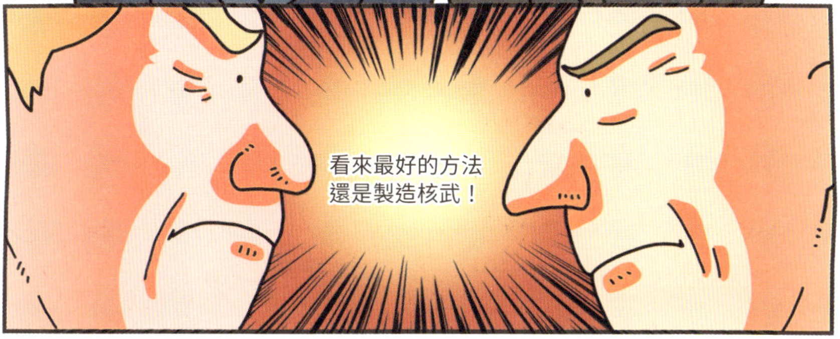

真是太可怕了……

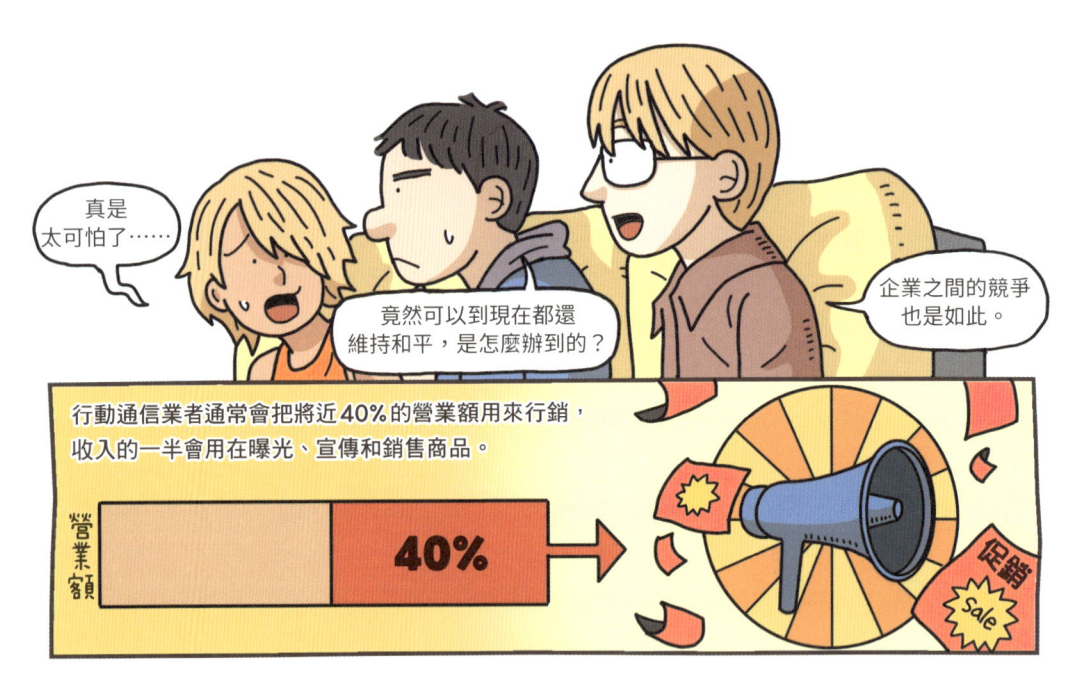

竟然可以到現在都還維持和平，是怎麼辦到的？

企業之間的競爭也是如此。

行動通信業者通常會把將近 **40%** 的營業額用來行銷，收入的一半會用在曝光、宣傳和銷售商品。

也就是說，提升或加強通話品質的穩定度就被拋在腦後。
由於新用戶數量沒有大幅增加或減少，為了搶對方的客戶就必須展開激烈的行銷戰。但仔細想想就會發現這件事其實很奇怪。
要提升銷售，重點應該擺在提升技術品質，而不是行銷才對。

選擇我們公司，除了可以獲得最新型的電視機，還會送空氣清淨機和濾水器！

哼！送那些有什麼用？我們公司會提供每秒9999GB的網速喔！

我說你啊！每秒1GB網速到底要用來幹嘛……

看來和串流平台差不多嘛……

這與行動通信產業複雜的特性有關，因為行動通信產業的技術發展必須要各方面配合，才能讓消費者實際感受到進步。

哎呀！速度只有這樣嗎？

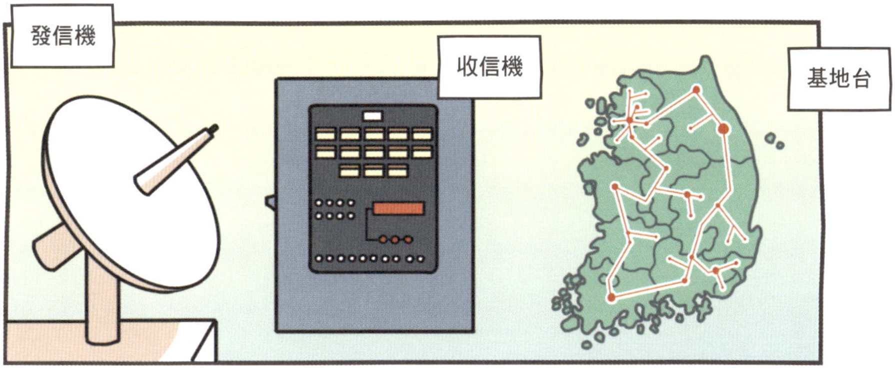

只有這三個領域同時發展到一定水平，我們才可以真正享受到服務。

因此，行動通信業者別無選擇，只能透過激烈的行銷戰吸引消費者。

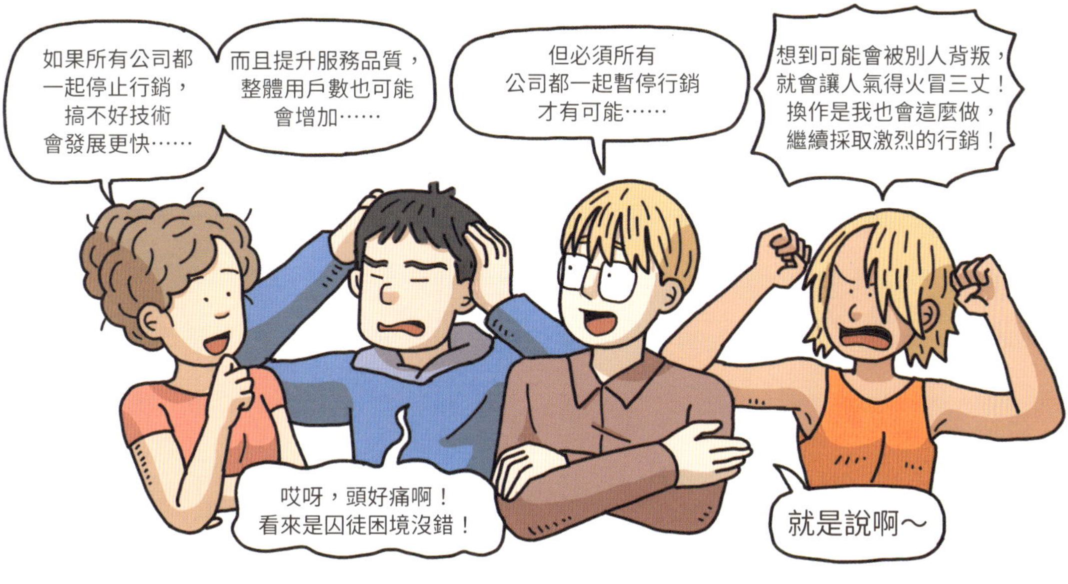

Chapter 11 最好的選擇和最壞的結果,公地悲劇!

這是村民們可以放牧的公有牧地。

原本綠油油的牧地,某天突然變成寸草不生的荒蕪之地。

到底發生什麼事了?

所有居民們都可以使用這塊公有牧地,不需要額外支付任何費用。

100% FREE

鏘—!

如果是使用自己的私有牧地,

或是購買飼養家畜的糧草,除了要支付費用,

天啊!這些要多少錢啊……

當愈多村民使用公有牧地,自己可以使用的公有牧地上的草就會愈少,因此,大家都竭盡可能地到公有牧地上放牧來將自己的利益最大化。

蜂擁而至

然而,當公有牧地上擠滿了村民們的家畜,草生長的速度跟不上家畜們吃草的速度,牧地就變成了荒蕪之地。

啾 啾

這就是所謂的**公地悲劇**。

這是怎麼回事?
未免也太誇張了……

大家太自私了!
這樣一來就無法再使用公有牧地了!

嗯,站在村民們的立場,大家只是做出對自己最好的選擇而已。

但這種事情應該不會一直發生,人們又不是笨蛋!

當然，只要找到所有人都同意的解決對策就行了。
再這樣下去
牧地會消失的！
沒錯，這樣一來
大家就都無法使用
公有牧地了！
不如這樣吧，
那就限制可以帶來吃草的
牲畜數量。

但在世界各地，類似**公地悲劇**這樣的事情，
仍持續不斷地上演。
啊啊啊！
不要再吵了！

例如，象牙具有經濟價值，
但因為大象不屬於任何人，

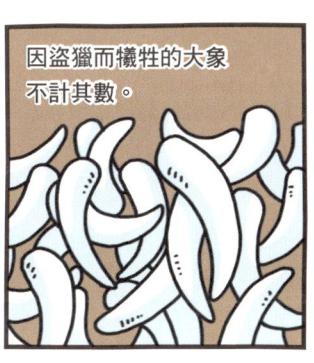

在非洲國家就曾發生大規模的盜獵事件。

砰!!

因盜獵而犧牲的大象不計其數。

大象面臨瀕臨絕種的危機，就跟公地悲劇一樣。

看不到⋯⋯大象了⋯⋯！

可惡的盜獵者！居然欺負大象！等我當上總統，就把你們通通抓起來關！

像是全球暖化這類的氣候變遷現象也是如此。近年來，氣候變遷的議題備受關注。

雖然人們常誤以為這是最近這幾年才出現的現象，

但實際上自1970年代起，就有人開始拋出氣候變遷的議題。

企劃專題報導
氣候變遷的危險性
地球有危險了！
1970

隨著工業化發展，人類開始使用化石燃料，以及綠地面積的縮減，

啾—！

導致地球氣候面臨急遽變化，推測到了22世紀，地球環境可能會變得相當惡劣，不適合人類居住。

但各國為了發展經濟，仍持續使用化石燃料和破壞環境。

呼 呼 呼— 呼 呼 呼—…

即使是過了50多年的今日，考量到各國的立場，也只是達成階段性減少碳排放量的籠統協議罷了。

COP 25

82

如果停止使用化石燃料和實施保護環境政策，
就需要投入更多費用，
再加上若其他國家為求發展而忽略氣候變遷，
自身國家能使用的地球資源壽命也會逐漸縮短。
驚！
地球的壽命……！
怎麼會這樣？為什麼大家
都被眼前的利益蒙蔽雙眼呢！
此外，由於已開發國家早已透過大量使用化石
燃料和破壞環境，締造出耀眼的經濟成就，
站在開發中國家的
立場來看，它們現在
才要開始發展，
各國之間無法達成共識。
喂！
你們也太
不講理了吧！
不服氣嗎？有本事
就追上我啊～
再這樣下去，
等我們老了之後，
地球就會變成荒蕪之地！
就是說啊。
太可怕了，
真的是公地悲劇，
地球的悲劇……

Chapter 12 意想不到的結果，外部效應！

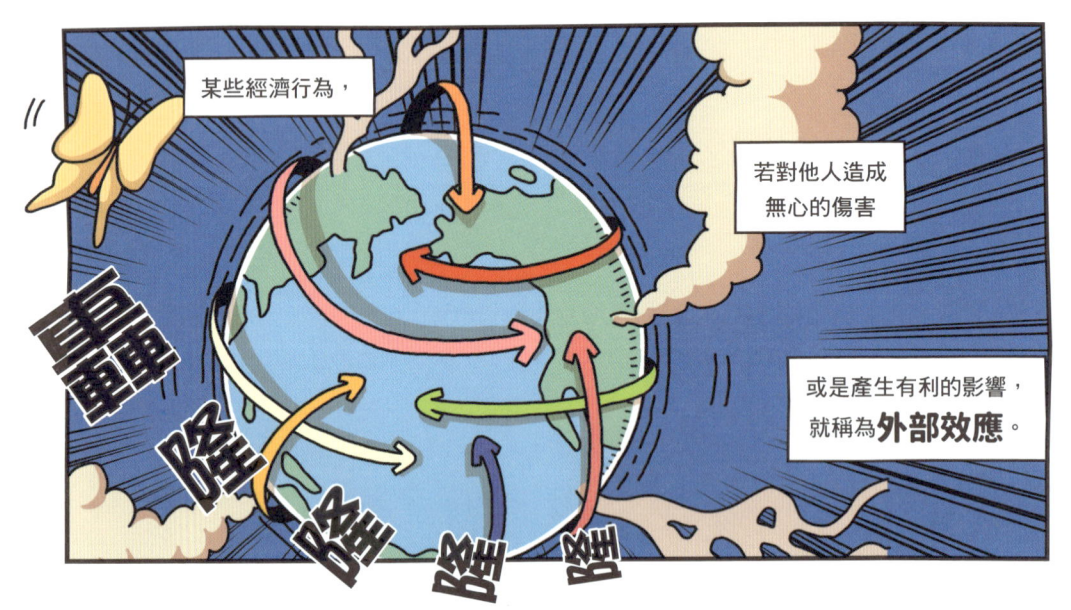

某些經濟行為，若對他人造成無心的傷害，或是產生有利的影響，就稱為**外部效應**。

除了像是連續劇大受歡迎，許多國內外旅客紛紛湧入拍攝地朝聖，

產生帶動地方經濟這類的**正面外部效應**，

也有像是把工廠蓋在適合居住的地區附近

造成環境汙染，導致房價下跌的**負面外部效應**。

OH, NO!!

所謂的外部效應，並不是只會發生在區域性範圍內。

村莊 都市
國家 世界
都可能會發生!!

阪神虎是日本職棒的萬年墊底球隊，自1980年之後一直位居最後一名。

但他們始終沒放棄過，甚至換了28名教練，想要交出漂亮的成績單。

排行榜
1 ......
2 ......
:
10 阪神虎......

就這樣過了20多年後，終於在2003年獲得奇蹟式的勝利，

哇啊啊一

85

在日本引起相當大的連鎖效應，稱為「**阪神效應**」。像是阪神百貨公司和當地百貨公司的營收增加，

門票收入增加，

酒類營收增加、就業機會增加等，

隨著阪神虎奪冠，在日本近畿地區

產生的經濟效益足足高達3000億日圓。

哈哈哈！
哇……全部是多少錢?!

3000億?!

此外，2006年11月在美國的佛羅里達州，發生了不可思議的失蹤事件，那就是養蜂場的蜜蜂突然消失了。

在那之後，除了美國之外，世界各地也接二連三爆發蜜蜂消失事件，消失的蜜蜂數量多到難以計數。

赤道

北半球 25%
嚴重區 70%

不過是**蜜蜂消失**有什麼好大驚小怪的？

雖然養蜂業者很可憐，但對我們來說頂多只是暫時沒蜂蜜吃而已。

事情沒那麼簡單……

嗚嗚……

我們吃的食物中有將近三分之一是藉由將花粉從雄蕊傳播到雌蕊，結成果實後摘用的。

問題是，這些糧食作物有60%是靠蜜蜂傳播花粉才能結成果實。

尤其是杏仁，沒有蜜蜂幾乎無法種植，90%的蘋果和藍莓也都是靠蜜蜂傳播花粉才得以結果。

但這些蜜蜂在一夕之間突然消失的話，可想而知是多麼嚴重的事。

NO～!

這種蜜蜂大量減少的現象，稱為「蜂群崩壞症候群」。

崩潰

之所以會出現蜂群崩壞症候群的現象原因有很多。

據推測，應該是各種原因交錯在一起所造成的。

雖然過去也曾經發生過類似的現象，但像這次這樣造成全球性的影響，是有史以來第一次。

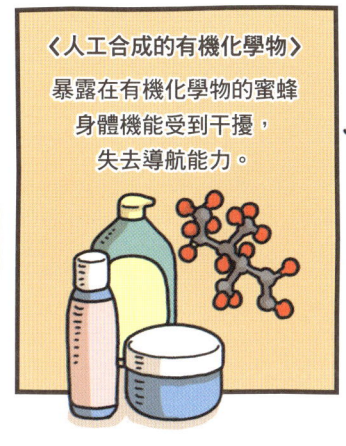

〈無線設備產生的無線電波〉
當蜜蜂處在充斥電磁波的環境導航系統會失去功能。

〈基因改造食物〉
防止害蟲的基因改造作物對蜜蜂造成傷害。

〈地球自轉軸變化〉
由於地球自轉軸緩慢改變，影響蜜蜂們歸巢的導航能力。

〈新菸鹼類農藥〉
這類農藥透過麻痺害蟲的神經系統達到殺蟲的功效，但花粉或花蜜也會摻雜到微量農藥。

〈人工合成的有機化學物〉
暴露在有機化學物的蜜蜂身體機能受到干擾，失去導航能力。

〈地球暖化〉
由於開花期變動，造成工蜂採食花蜜的路途過於遙遠。

由此可見大部分原因與人類的開發和發展有關。
這種人為因素的負面外部效應不僅破壞了生態界，更造成巨大的經濟損失。

也替我們想想吧……人類啊……

對不起，都是我們害的……

Chapter 13 差一點也沒關係，路徑依賴！

韓國自2014年開始實施將舊制地址改為新制地址。

64 井屋路 — 新制地址
新興洞1街16-5 — 舊制地址

雖然新制地址上路已經好幾年了，但直至今日仍會和舊制地址混用。

這裡是楊花路7街69-5號。

呃……我不大清楚，可以告訴我舊制地址嗎？

唉……是西橋洞484-11！

此外，韓國禁止使用「坪」作為單位，改採用平方公尺，但仍有不少人使用坪為單位。

這裡採光良好，室內有165 m^2，相當寬敞。

換算起來是50坪，是相當寬敞的。

你說什麼？什麼公尺？

1坪 ✗
1M^2 ○

像這樣一旦習慣原本的路徑，即使日後知道這樣做很沒效率，

還是一樣沒有改變路徑

繼續沿用舊路徑的做法，稱為「路徑依賴」。

不會吧～明明有更好的，幹嘛用舊的？

古董商店

一旦導入先進的科技技術，一般可能會認為原本舊有的產品就會被市場淘汰，但實際上許多情況並非如此。

像是 2019 年在德國柏林法院發生嚴重的電腦病毒攻擊事件，人們只好被迫使用打字機和傳真機工作。

是因為可怕的駭客攻擊嗎？

並不是！

這一切都是因為柏林法院使用的是 Windows95 這套相當過時的作業系統。

儘管專家在2017年就提出呼籲，建議移除Windows95
作業系統底下所有的軟體。
強烈建議
移除Windows95！
軟體必須強制更新！
但柏林法院卻對此視而不見，
忽略這項要求。
嗯～不要～
就連後來企業諮詢委員會提出新的建議也被無視。
如果不移除，
會對軟體和作業系統
造成嚴重安全風險。
再這樣下去
會出事的！
部分地方法院和地區
因為聽取建議逃過一劫，
但冥頑不靈的柏林法院，最後只能被迫關閉
所有電腦的網路，使用打字機和傳真機工作。
我們
不是笨蛋，
這個我們當然知道！
他們並不是不知道有比Windows95更好用的作業系統，
而是落入路徑依賴的陷阱。儘管知道效率很差，
仍堅持繼續使用舊系統。
雖然知道比較
沒效率……

更新除了要花錢，作業上也很麻煩……

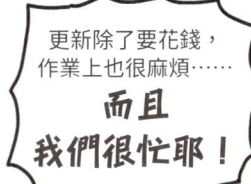

而且我們很忙耶！

此外，至今仍被廣泛使用的HDMI也是如此。HDMI是2003年最新推出，用於連接電腦、遊戲機、藍光播放器、螢幕顯示器、電視和智慧型手機等各種裝置的傳輸介面。

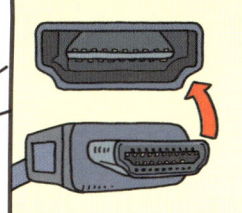

因為主要是由日本「Sony」這間公司開發的，要使用HDMI就必須向Sony支付授權費。

但市面上又推出一款更好的連接器名為「DisplayPort（DP）」。

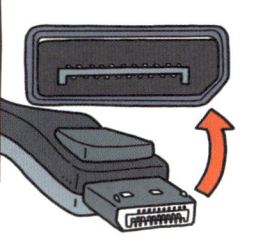

它是由促進影像和遠端媒體裝置標準化的協會「VESA」所開發出來的，使用DP不需像HDMI要額外支付授權費，且相較於HDMI，DP具有更多優勢。

怎麼會這樣……？
也太不合理了吧………

不敢置信……

然而，市面上卻很難找到以DP為主軸的商品，認知度也很低。

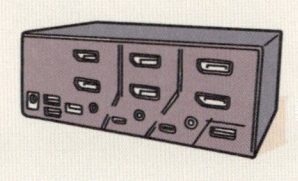

咦……？
這是什麼……

Chapter 14 以偏概全的認知差異，合成謬誤！

有種現象僅適用於個人行為，但不適用於整體。

合成謬誤

> 站起來會看得比較清楚，大家一起站起來吧！

> 大家都站著看的話，就跟坐著看沒什麼兩樣啊？

> 是嗎……？

> 哇！

> 只是覺得腳很痠，很煩而已……

減少個人支出、增加存款，就能變得有錢。

但如果每個人都減少消費、不斷存錢，大家就會變得富有嗎？

並不會。如果大家只存錢不花錢，整體國民的所得會減少，反而會變得更窮。

> 大家都不花錢，東西怎麼賣，我怎麼賺錢養家啊？嗚嗚！

此外，當某一項產品降價，市占率提升後，所屬企業也會跟著獲利。

> 我也要買！

> 我也要！

70% SALE

BIG SALE!

同樣地，如果所有公司都進行降價促銷時，大家會同時獲利嗎？

答案是不會。不僅無法獲利，還可能造成損失。

銷售量不變，但營業額減少了五分之一。

再這樣下去會破產的!!

降價！大公司

LG & 三星削價競爭 導致股價下滑！

走向！

換句話說，不能因為適用於某些地方，就認為適用於整體而跟著照做。

什麼跟什麼嘛！這種事情根本不可能發生啊！大家怎麼可能一起存錢？所有企業也不可能一起降價。

無稽之談 OUT!

倒是看過大家一起漲價就是了……我也不知道耶……

合成謬誤確實是會發生的！就像是補習風氣氾濫的問題不管是過去或現在都一樣。

「補習」對於個別的學生來說，是一個可以幫助自己順利考上好高中、好大學的方法之一，

95

但隨著競爭愈來愈激烈，大部分學生都開始跟風補習，導致正規教育體系崩潰。

緊迫盯人～！

至少聽完課再睡好嗎？

打呼

不了～不上課也沒關係，反正補習班都已經上過了～

在韓國，甚至有某些市場因為合成謬誤而消失。哪些市場呢？那就是遊戲光碟和遊戲雜誌市場。

過去購買遊戲雜誌時，都會附贈試玩版遊戲光碟作為行銷手段。

因為這種做法能讓玩家對遊戲更了解，進而考慮購買正版光碟片，對遊戲市場、雜誌市場和消費者來說，可以稱得上是成功的行銷。

win win

要買這遊戲嗎？

結果，自從某間雜誌社開始提供正版光碟片後，反應相當熱烈，銷售量遠遠超過其他間雜誌社。

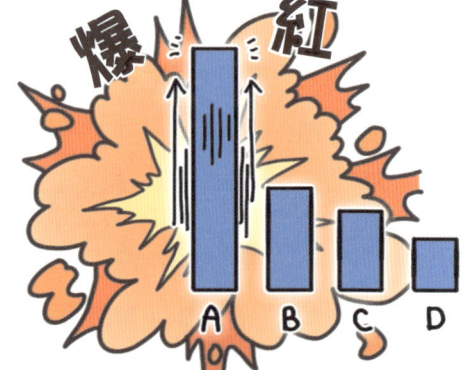

買雜誌送正版光碟

爆紅

A B C D

96

其他雜誌社只好也跟著開始提供正版遊戲光碟，贈送的遊戲光碟也會連帶影響銷量。

新款遊戲

這個月要送哪款好呢？

經過一段時間後，雜誌社逐漸增加正版遊戲光碟的贈品數量，比起品質，開始改以數量取勝。

堆滿

原本雜誌附送的贈品，大多是已經上市很久的經典遊戲，到後來改成送最新款的遊戲，競爭愈演愈烈。

上個月發行的最新遊戲！！

看到其中一間公司因為送正版遊戲光碟當雜誌附錄賺了不少錢，

營收暴漲

所有雜誌社也開始跟風送正版遊戲，結果造成光碟市場萎靡，遊戲雜誌市場也跟著下跌，這就是所謂的合成謬誤。

啪！

雖然雜誌社也知道，再這樣下去遲早大家會一起倒閉，於是聚在一起達成協議，

沒錯！就這樣做吧！

再這樣下去，**我們都會倒光光的！**
從現在起，停止惡性競爭吧！

98

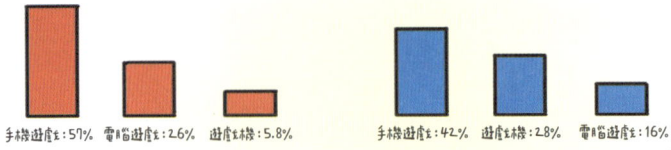

Chapter 15 有需求就無法真正解決問題，氣球效應！

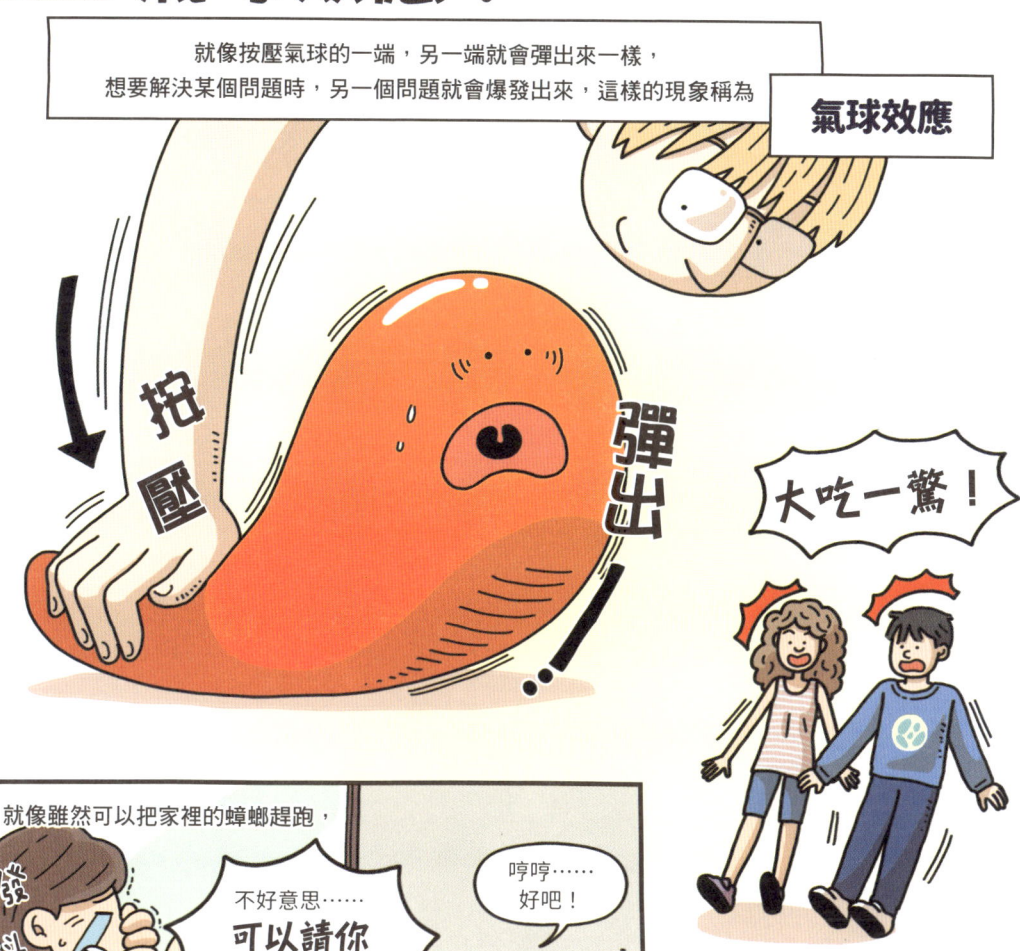

就像按壓氣球的一端，另一端就會彈出來一樣，想要解決某個問題時，另一個問題就會爆發出來，這樣的現象稱為**氣球效應**

按壓 → 彈出

大吃一驚！

就像雖然可以把家裡的蟑螂趕跑，

發抖

不好意思……**可以請你離開嗎！**

哼哼……好吧！

鏘鏘！

但被趕出去的蟑螂，又會出現在別人家裡一樣，

沙沙沙

也因此被稱為「蟑螂效應」。

沒錯！
只是我們誤以為問題解決了而已，事實上並非如此。

為什麼明明解決了，卻又出現其他問題，**太奇怪了！**

是莫比烏斯環嗎？

不然問題怎麼會一再發生呢？

氣球效應這個名詞，一開始是用來隱喻美國政府加強取締南美國家非法毒品進口，結果只是讓不法團體轉移到另一個取締較為寬鬆的地方繼續製作毒品和洗錢的現象。

當時美國針對幾個可疑的毒品進口國徹底實施嚴格的通關程序來加強取締控管，

但毒品商知道這件事後，就把活動據點遷到中南美國家，繼續做同樣的事情。

嘿嘿…

聽說這裡很安全！

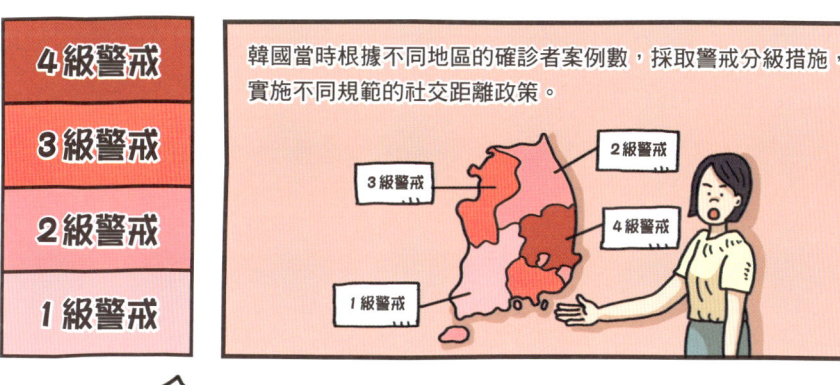

結果，美國並沒有得到預期的成效。
儘管已經祭出毒品禁制政策，

南美洲

但問題並未解決，在其他地方依舊出現同樣的問題，這就是所謂的氣球效應。

前不久新冠疫情爆發時，也出現了氣球效應，那就是**社交距離政策**。

COVID-19

4級警戒
3級警戒
2級警戒
1級警戒

韓國當時根據不同地區的確診者案例數，採取警戒分級措施，實施不同規範的社交距離政策。

COVID 19！
離我遠一點！

這麼做是為了防止疫情擴散，而這裡出現的氣球效應究竟是什麼情況呢……？

指！

人們開始移動到警戒級別較低、社交距離規範較為寬鬆的地區聚會。

噗隆隆——！

聽說這裡可以玩到12點～

唰！

原本是為了防止疫情擴散的政策，但大家卻開始鑽漏洞。

結果，社交距離政策成效不如預期，確診者不減反增。

COVID-19確診者激增！社交距離政策失靈

在那之後，社交距離政策實施時間延長，全國疫情警戒提升，甚至造成經濟嚴重衰退。

9點就叫人關門這樣怎麼做生意啊!?

除了新冠疫情這種特殊狀況外，在其他各種政策也都可以看到氣球效應。

打房政策　強制關機法　性交易防制法　月台閘門

終端機流通結構改善法　　最低工資法

102

大部分的案例都是因為想透過限制或規範來解決問題而導致的。

用法律禁止，大家應該就不會這樣做吧……？

砰！

現在已經立法禁止不可以再這樣了，知道了嗎？

驚訝！

即使是不好的事，但正因為人們有需求，才會出現這些問題。

就算突然禁止限制，大家就會乖乖聽話嗎？

結果只會讓大家想辦法鑽漏洞，反而衍生出新的問題。

new

也就是說，即使需要花費很長的時間，也必須透過縝密的計畫解決當前的需求。從長遠來看，只有讓需求完全消失，或只剩下少數需求的解決對策，才能從根本解決問題。

嗯……

PROBLEM
SOLUTION

103

Chapter 16 異業合作的美學，梅迪奇效應！

在金融界赫赫有名的豪門「梅迪奇家族」，

從 14 世紀至 17 世紀，在義大利佛羅倫斯具有相當大的影響力。

尤其是對知識和藝術不遺餘力的支持，經常舉辦聚會邀請各領域專家，像是藝術家、哲學家、科學家、商人等。

透過結合各種專業領域的知識，產生了強大的協同效應。

於是，創造的時代「文藝復興時代」誕生了。

波提切利

米開朗基羅

但丁

李奧納多・達文西

嗆 嗆！

從歷史衍生出來的「**梅迪奇效應**」指的是結合不同領域來激發出各種創新想法。

近年來，梅迪奇效應也被企業廣泛運用。

像是和屬性完全不同的部門合作，或是和不同領域的產業進行異業合作，

透過這種方式徹底打破過去的框架，致力於開發出全新的產品。

雖然出發點是好的，但實際成效如何，仍有待商榷。

例如，手機製造商和飲料公司進行異業合作，有可能創造出偉大的發明嗎？

又或者當汙水處理廠結合出版社，又能做出什麼樣創新的改變？

不過，出乎意料，還是有不少類似的異業合作。

105

位於非洲辛巴威的「東門中心」,

東門中心的室內溫度
總是固定維持在24度,

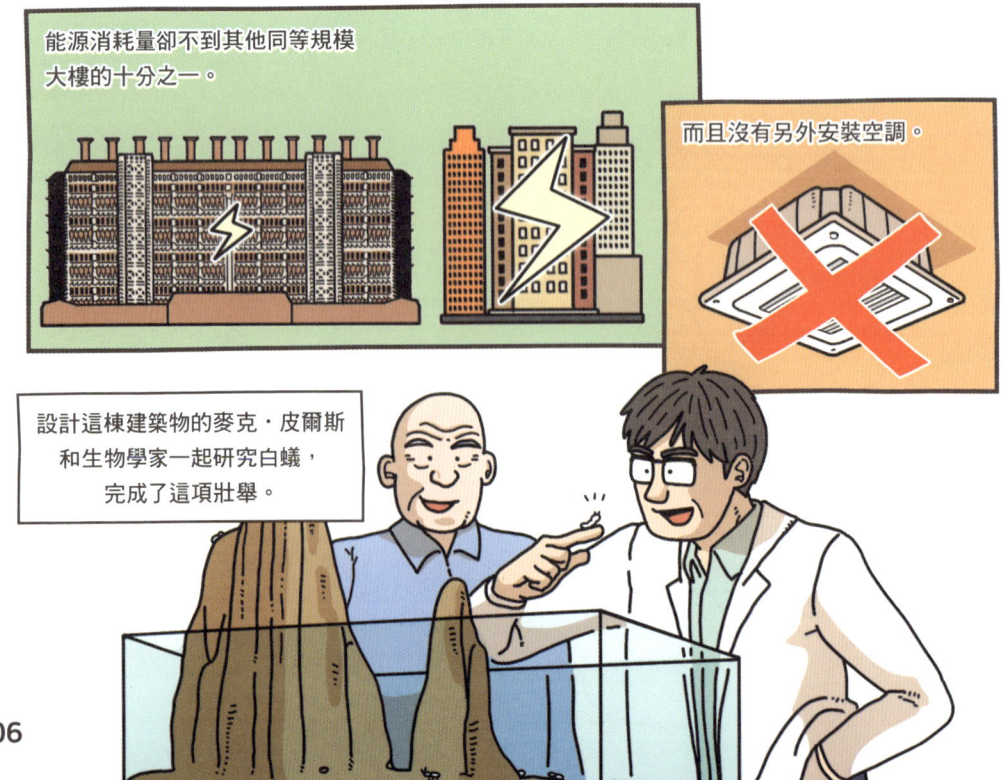

24℃

能源消耗量卻不到其他同等規模
大樓的十分之一。

而且沒有另外安裝空調。

設計這棟建築物的麥克‧皮爾斯
和生物學家一起研究白蟻,
完成了這項壯舉。

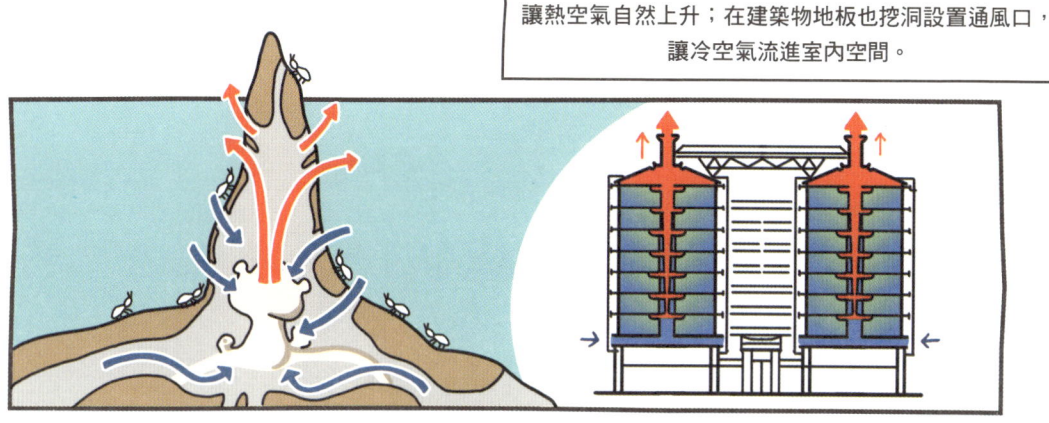

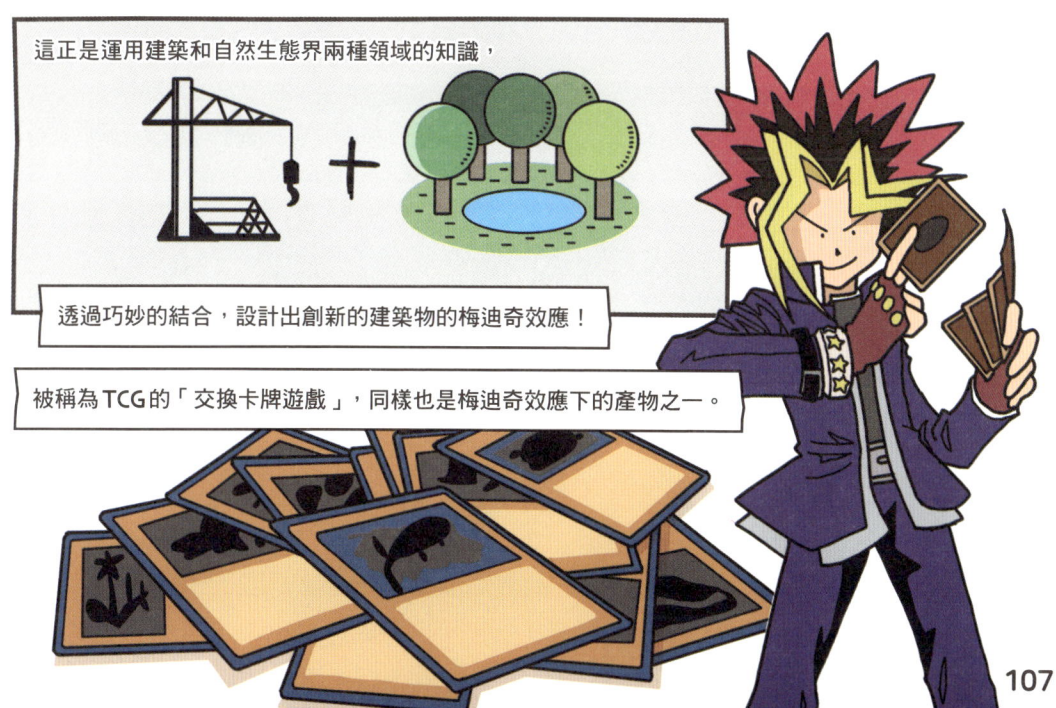

儘管日夜溫差大，但白蟻在蓋洞穴時，總能讓內部維持在一定的溫度和濕度，人們好奇究竟是怎麼辦到的？於是透過研究白蟻穴構造，甚至將其原理運用在建築物設計上。

仿造白蟻丘設計，在建築物屋頂挖洞設置通風口，讓熱空氣自然上升；在建築物地板也挖洞設置通風口，讓冷空氣流進室內空間。

這正是運用建築和自然生態界兩種領域的知識，

透過巧妙的結合，設計出創新的建築物的梅迪奇效應！

被稱為TCG的「交換卡牌遊戲」，同樣也是梅迪奇效應下的產物之一。

印有運動選手或明星照片的收集卡
雖然已經流行多年，
但像最近這樣在卡片上標示能力值和特殊屬性，
利用卡牌決鬥的遊戲，卻才出現沒多久。
神是不會被打倒的！
這是一種全新類型的遊戲，誕生於1993年，由當時美國數學家
李察・加菲發明了《魔法風雲會》這套卡牌。
將收集卡和遊戲結合在一起，製作成
獨樹一幟的交換卡牌遊戲。
此外，像是韓國CU便利商店和熊牌麵粉
合作推出熊牌小麥啤酒，
7bräu
甜甜的～療癒的～
熊牌
小麥啤酒
WHEATBEER
或是在包裝上印了代表燒酒品牌「真露」
的吉祥物「蟾蜍」的巧克力球。
CRUSH
奶巧克力球
梅迪奇效應在意想不到的領域，
會激發出爆炸性的創意和反應，
帶來巨大的經濟效益！

Chapter 17 小失誤引來大危機，破窗效應！

所謂的「**破窗效應**」，指的是如果放任破掉的玻璃窗不管，很可能會招致更嚴重的犯罪。

事實上，史丹佛大學心理學教授菲利普‧辛巴度曾做過一項研究，

當一輛車窗被打破且沒有車牌的車子，停在布朗克斯街道上時，人們可能出現的各種行為。

他發現有人開始偷可以賣錢的車用零件，像是電池或輪胎。

為什麼要這樣對我……

當沒東西可偷時，就開始任意破壞汽車。

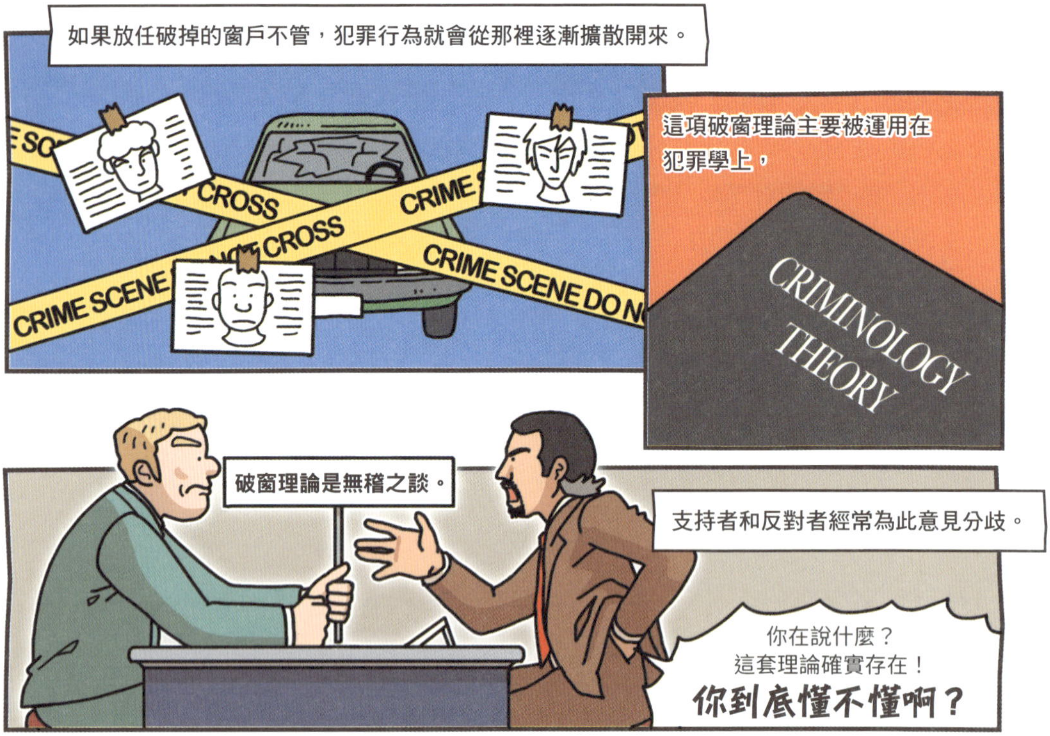

不過，出乎意料之外，在經濟上卻被廣泛使用。

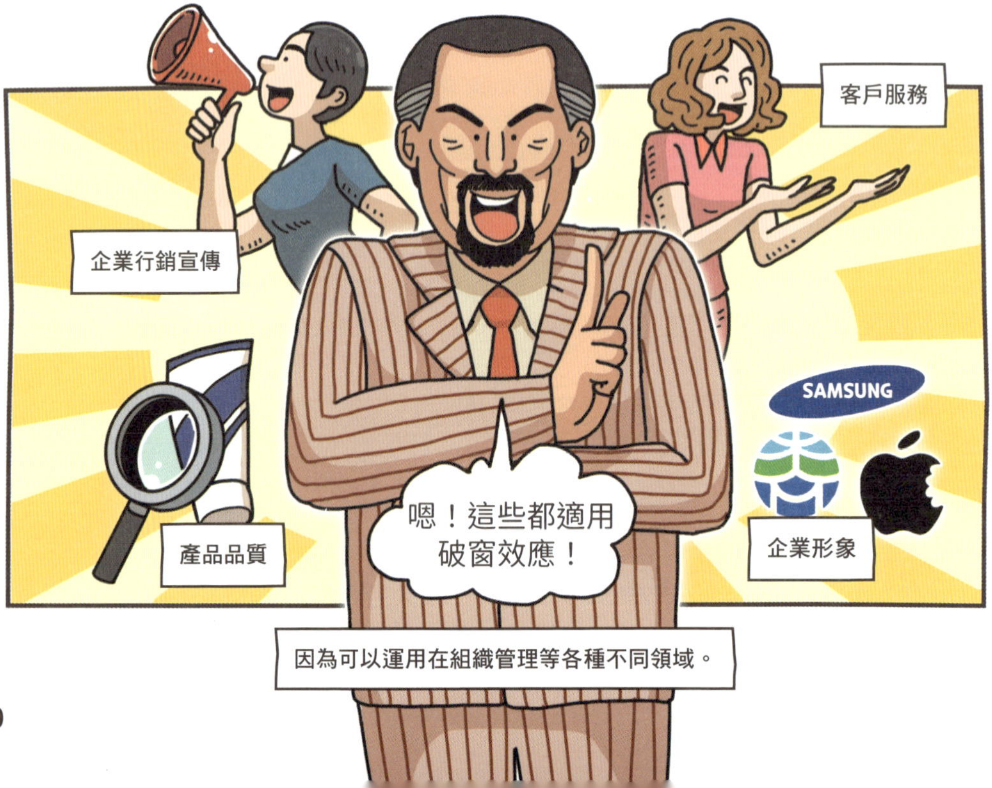

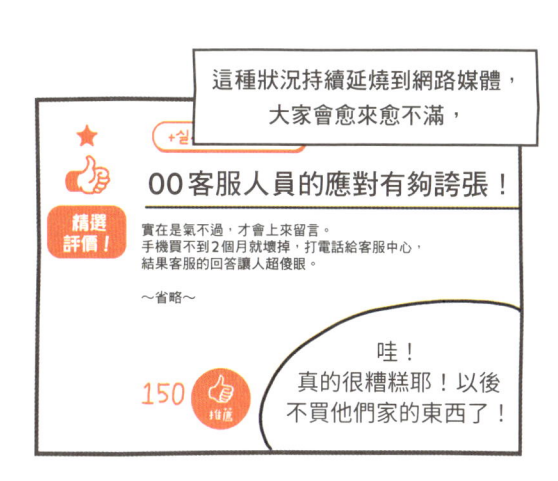

那個……手機用不到2個月就壞掉了，該怎麼辦？

手機不可能平白無故壞掉吧？應該是使用不當造成的，請您自己看著辦吧！好好使用的話不就沒事了？再見～

例如，當消費者向客服中心投訴時，如果客服人員態度不佳，就會引發消費者的不滿。

我明明是受害者，居然怪在我身上?!
氣死人了！
噠噠噠噠噠噠！

這種狀況持續延燒到網路媒體，大家會愈來愈不滿，

精選評價！
○○客服人員的應對有夠誇張！
實在是氣不過，才會上來留言。
手機買不到2個月就壞掉，打電話給客服中心，結果客服的回答讓人超傻眼。
～省略～

150

哇！真的很糟糕耶！以後不買他們家的東西了！

情況輕微則破壞企業形象，嚴重則可能會爆發拒買活動。

因此，破窗理論在企業管理層面非常重要，尤其是針對「一般消費者如何看待企業和產品」這件事。

產品居然有刮痕！看來製造商真的很糟糕耶！

雖然對公司來說是很瑣碎的小事，但對消費者而言，這些小事可能會被放大，進而影響公司對外的企業形象。

未免也太誇張了，怎麼可能因為一點小事就讓企業陷入危機？

是中小型企業才會這樣吧～

沒錯，而且如果因為這點小事就受影響，這種公司倒了算了！

不好意思，這跟公司規模大小一點關係也沒有。

看來她們不知道消費者認知有多麼可怕。

可樂品牌的兩大龍頭可口可樂和百事可樂，其中位居領先地位的可口可樂，

哼！

就曾經徹底體驗過破窗效應。

1980年代初，百事可樂的銷售量首次贏過了可口可樂，並且在盲測實驗中取得勝利，

win！

耶！

當時可口可樂面臨了極大的危機。

呃啊

他們認為問題出在可樂的味道，於是研發出新配方的「新可口可樂」。

NEW!

新可口可樂在盲測實驗中，擊敗百事可樂，銷售量備受期待。

然而當新可口可樂推出後，反應卻不如預期。
抗議
拒喝新可口可樂！
還我原本的可口可樂！
因為不是增加新口味、保留舊版的可口可樂，
而是直接用新版取代舊版，引起消費者反感，
消費者甚至發起了拒買運動。
這怎麼會是
可口可樂？
太怪了吧？
認為問題出在口味的可口可樂公司，對自己
新研發的配方很有自信，覺得只是暫時的反彈，
決定還是繼續銷售。
指！
沒關係！
繼續賣！
結果，銷售反而急遽下滑，遠遠被百事可樂超過。
這就是消費者不滿所引發的企業危機，就像破窗效應一樣！
咻
最後，新可口可樂上市3個月後，公司就決定
讓舊配方「經典可口可樂」復活，和新版同時銷售。
Coca-Cola
重新推出舊版可口可樂後，銷售量
恢復正常，沒過多久就超越百事可樂，
重拾業界第一的寶座。
呼

美國咖啡品牌「星巴克」，是一家除了咖啡之外，也銷售茶、果汁、甜點、馬克杯和隨行杯的連鎖咖啡店，它也跟可口可樂一樣。

雖然現在是全球咖啡市場中占有一席之地的大企業，但星巴克也曾經遭遇過巨大的危機。

並不是一路走來都一帆風順……

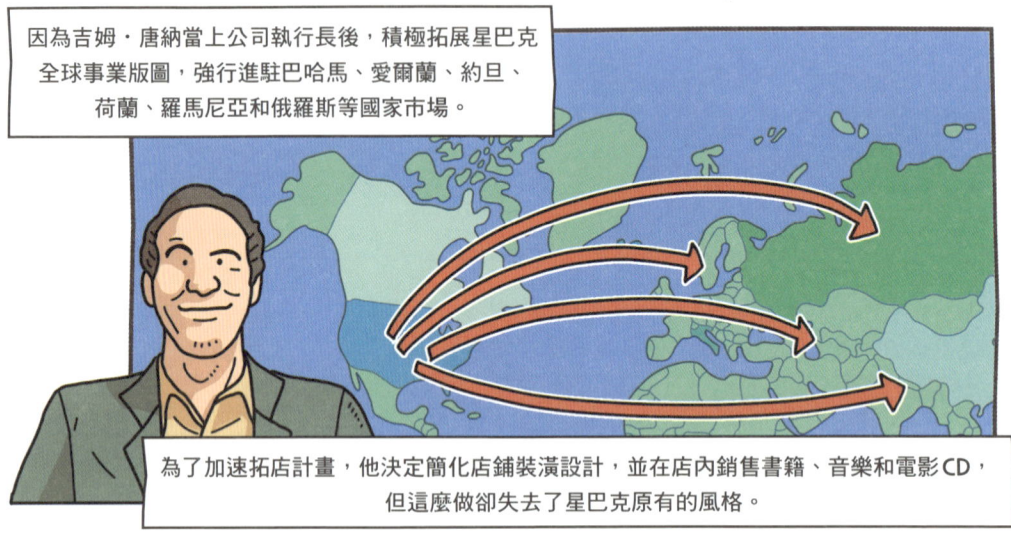

因為吉姆・唐納當上公司執行長後，積極拓展星巴克全球事業版圖，強行進駐巴哈馬、愛爾蘭、約旦、荷蘭、羅馬尼亞和俄羅斯等國家市場。

為了加速拓店計畫，他決定簡化店鋪裝潢設計，並在店內銷售書籍、音樂和電影CD，但這麼做卻失去了星巴克原有的風格。

好片推薦！

這裡根本就不是星巴克嘛！

讓家裡變成咖啡廳的音樂CD

本月書籍

原本的風格，是可以悠閒品嘗咖啡的舒適空間。

星巴克的常客們對此提出抱怨，但卻被店員以公司政策為由打發帶過。

不耐煩
不耐煩

這怎麼會是星巴克？根本變成便利商店了！還我本來的星巴克！

以前的星巴克已經沒有了，這是公司政策，懂了嗎？

於是，星巴克的常客們不再上門。

冷清～！

剛好又碰上美國景氣蕭條，消費者們開始降低咖啡支出，

轉

景氣這麼差……咖啡是奢侈品！**不買了！**

再加上麥當勞、Dunkin' Donuts 等連鎖店也都開始賣比星巴克更便宜的平價咖啡。

星巴克碰上創業以來最大的銷售危機，股價跌了 42% 以上。

嘖

嘿嘿！買我吧！我便宜又好喝！

面臨這麼糟糕的狀況居然還能東山再起？

沒錯！沒錯！這點才更厲害。

在那之後，星巴克以「回歸初心」和「尊重」為口號，找回品牌的核心價值，

也就是高品質咖啡和舒適的空間，並開發出新的咖啡菜單。

同時也關掉數百間經營困難的店鋪，解雇上百名員工。

NEW

與其說是做出偉大的改革，倒不如說是解決了這段時間客戶累積的不滿。抱怨的點消失了，客戶自然就回來了。

看似微不足道的客訴，可能會變成火苗引發大火，讓企業陷入危機。

熊熊大火

一旦輕忽破窗效應，後果可能不堪設想！

Chapter 18 協和號客機，沉沒成本謬誤！

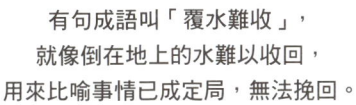

有句成語叫「覆水難收」，
就像倒在地上的水難以收回，
用來比喻事情已成定局，無法挽回。

經濟領域上也有類似的用語，那就是**「沉沒成本」**！

指的是已經發生且不可收回的成本。一旦支出費用後，這筆錢不管怎樣都收不回來。

例如，企業的廣告費用。無論廣告成功或失敗，這筆錢都無法再收回了。

又或者像是研究費用也一樣，一旦投資後，不管開發成功或失敗，錢都收不回來。

無論未來會獲利或造成損失，先支出的費用就稱為沉沒成本，

有時候人們會因為沉沒成本而做出錯誤的決定。

我投資的股票一直在下跌！已經跌一半了，該怎麼辦……

擔憂 擔憂

可能還會漲回來也說不定？至少要拿回本金，再等等看好了！

這就是所謂的「**沉沒成本謬誤**」。

怎麼可能會有這種人！

嗯……

仔細想想，我哥已經重考3次了，他覺得花了這麼多心力準備，不管怎樣都要考上首爾大學，這個也算嗎……？

無論是公司或個人，很多人都會因為不想浪費先前投入的費用，遲遲不肯認賠殺出。

嗯 好難吃……!!

因為人們對「損失」比「獲得」更加敏感。

咬牙……

但再點別的太浪費錢，就先勉強吃完吧！

全世界第一台超音速客機——協和號客機也是如此。

協和號客機是由英國和法國的航空公司共同開發的。

曾經因為贏過美國航空公司客機「波音號」讓歐洲航空業扳回一城而聞名。

然而，相較於過高的投資成本，

高油耗　　載客數少　　費用高昂

除了這些致命性缺點外，

甚至發現飛機在超音速飛行時，會發出猶如爆炸聲般令人震耳欲聾的噪音。

呃啊！我的耳朵！

因此，出現許多聲浪認為協和號客機應該停止生產，但協和號客機專案負責人卻認為專案已經投入大量費用，無法全盤放棄就此喊停。

花了這麼多錢開發，怎麼可以說停就停？繼續做下去吧！

政府也一樣支持這項開發計畫並持續提供財務資助。

遞

結果，2000年一架從巴黎飛往紐約的協和號客機，發生了起飛後墜機的事故。

啊！引擎著火了！

墜落的飛機撞上巴黎附近的飯店後發生爆炸。

砰—!!

這起事故除了造成機內100名乘客和9名空服人員死亡，甚至有4名飯店員工也不幸罹難，成了協和號客機劃下句點的關鍵事件。

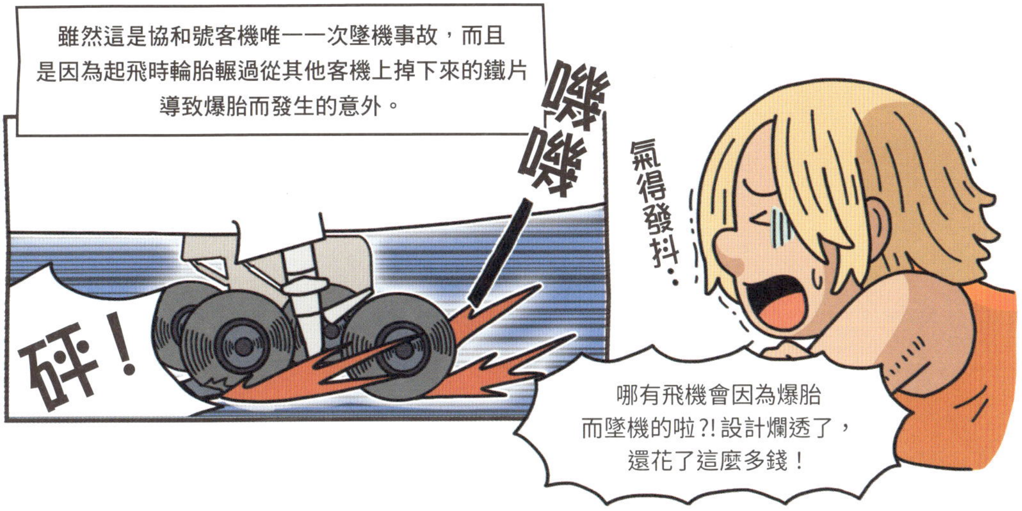

從那次事件之後，大家也常把陷入沉沒成本謬誤，稱為「協和謬誤」。

請記住，務必要以理性權衡得失利弊，才不會陷入沉沒成本謬誤！

Chapter 19 二次犯罪，窗飾財報！

嘿嘿……這樣媽媽就會誇獎我，還會買烤肉給我吃……

你在幹嘛？這種行為是窗飾財報！這樣是不行的！

啊！我完美的計畫都被打壞了！我才沒有想裝滿小吃吃飽，我沒有想吃辣炒年糕或炸物，我只想吃烤肉而已！還給我啦！

我說的是「窗飾財報」啦！意思是刻意掩蓋事實，用包裝欺騙和隱瞞真相。

跟我們無關喔～

你偷改成績單的行為，就是窗飾財報！想想看！媽媽或許會相信這張成績單，實現你的願望，但事實上你就是欺騙媽媽，掩蓋考不好的事實。

乖兒子，你怎麼這麼厲害？我還以為你都在玩沒念書，真是太厲害了！

也就是對一個單純的母親做出犯罪行為！

呃啊啊……
不是這樣的……
我不是故意的……
媽媽我只是……

沒想到你居然跟無良企業一樣做出「窗飾財報」的行為……唉……這世界怎麼會變成這樣？

窗飾財報指的就是刻意美化財務報表，做假帳的行為。

真的沒事嗎……

只是稍微改一下，不會被發現的，要回收投資金才行！

這樣一來不僅可以提升公司信用度，還能維持股價，資金調度也比較容易。

但因為公司的業績或資金都是造假的，

信用度滿分

漲停板

這麼做影響了投資者或債權者的判斷，是對股東、下游廠商和債權者不利的犯罪行為。

123

當然，為了防止窗飾財報，
公司必須要經過查核。

在韓國，法律強制規定，公司財報必須交由外部公認的會計師審查。

法院

相信這次也會以冷靜的判斷做出公平的審查，那就拜託您了！

雖然金融監督委員會再次查看監察報告書，也有「監理」制度確認是否有窗飾財報的狀況，

金融監督院

會計監察報告書

但窗飾財報的問題依舊存在。

不管制度再完善，終究還是得靠人為作業，先造假後再賄賂，不行再用威脅的。

韓國就曾經發生過史上規模最大的窗飾財報事件，那就是「大宇集團」高達41兆韓元的窗飾財報事件。

DAEWOO

大宇集團貿易部門在香港成立了一間空殼公司，利用偽造出口合約相關文件，捏造虛假營收。

建設部門明明沒有任何工廠建設工程，卻偽造文書謊稱在10個國家蓋汽車工廠，騙取將近5296億韓元。

汽車工廠建設現況
- 國家1：2間
- 國家2：3間
- 國家3：1間
- 國家4：
- 國家5：3間
- 國家6：
- 國家7：4間
- 國家8：

5296億韓元

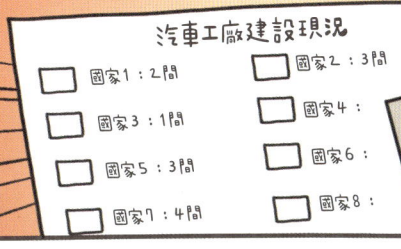

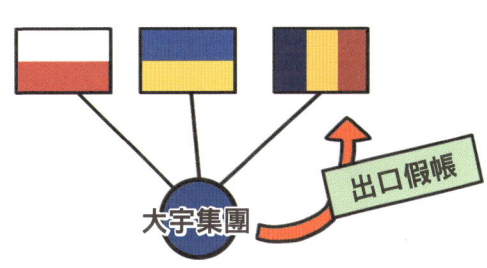

汽車部門則是假裝賣掉了1萬3千台汽車，同時發行了1056億韓元的假債券。

13000台

1056億韓元

大宇集團　出口假帳

甚至透過在國外成立的空殼公司向銀行融資，讓資金流進公司。

營收 91兆

表面上看起來大宇集團擁有超過76兆的資產，營收高達91兆韓元，

125

事實上資產只有60兆，負債高達90兆，是一間即將面臨倒閉的公司。

大宇集團 負債90兆

岌岌 可危

被蒙在鼓裡的投資者、債權者和擔保機構，隨著窗飾財報的事東窗事發、大宇集團公司倒閉，

倒閉

騙人！！！那我的錢呢？！

也只能被迫承受巨大的損失。

大宇集團的許多員工一夕之間失業，流落街頭。

嗚嗚

嗯……但這種成績單拿給媽媽看，就不能吃大餐了……

你竄改成績的行為也一樣，不管有什麼事情都要誠實，知道嗎？

下次考試再用功一點就好！

但這次真的考很爛耶……

喂！這樣做本來就不對！不要害怕被處罰！**正面對決吧！**

害怕

Chapter 20 心急反而誤事！浴室裡的笨蛋！

有些人進浴室後，就聽到他不斷地在尖叫。

啊啊啊啊！

接著就看到他淋得像落湯雞一樣走出來，抱怨自己沒辦法洗澡。

呼 呼

原來是因為他開熱水時往最左邊轉，結果太燙被嚇到；

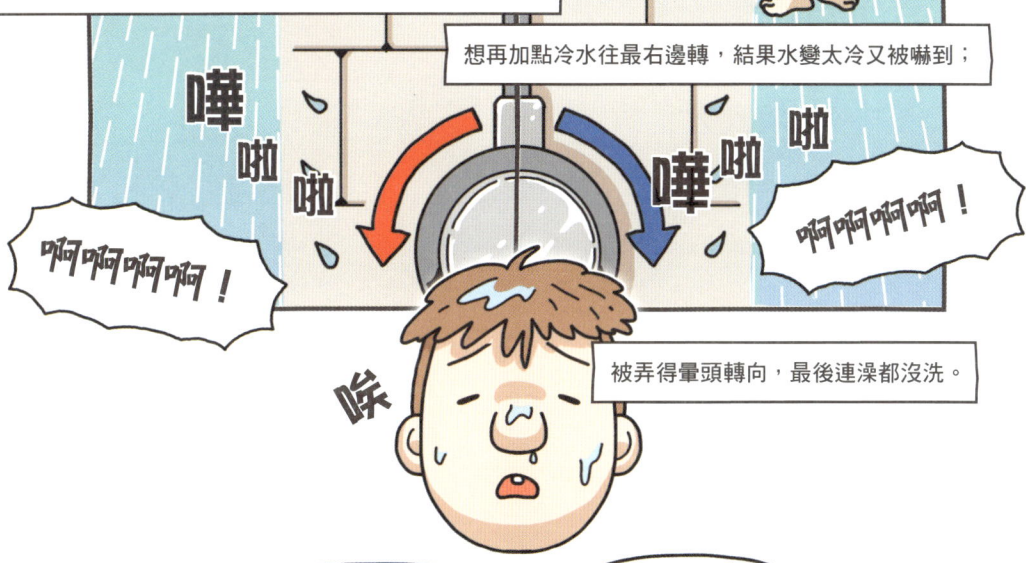

想再加點冷水往最右邊轉，結果水變太冷又被嚇到；

嘩啦啦 嘩啦啦

啊啊啊啊！ 啊啊啊啊！

唉

被弄得暈頭轉向，最後連澡都沒洗。

會有人這麼笨嗎？

居然連怎麼開水龍頭都不會？真的有人這麼笨嗎？

哈哈！這只是比喻，但在經濟領域中真的有這種笨蛋。

嘩啦啦

剛才所說的,指的就是當經濟前景不明朗時,政府的經濟政策若過於草率或魯莽,反而會造成物價動盪或景氣低迷。比喻愈心急愈容易把事情弄得更糟。

哪裡弄錯了?

例如,當國內畜牧業衰退時,

好難賣啊

既然賣不好,那價格調漲之後只要賣一點點不就好了?

價格 上漲!

政府貿然推動漲價政策,情況會變得如何呢?

就算是國產貨,大家看到價格也都退避三舍。

牛肉本來就已經很貴了,怎麼又漲價了?這價格誰還會想買啊?政府瘋了吧……

政府不可能想出這麼愚蠢的政策,官員們明明就這麼聰明!

對啊!他們都讀了那麼多書,怎麼可能會做出這麼笨的事?

不是他們笨,而是因為經濟實在太複雜,經常還是會發生許多無法預測的事情!

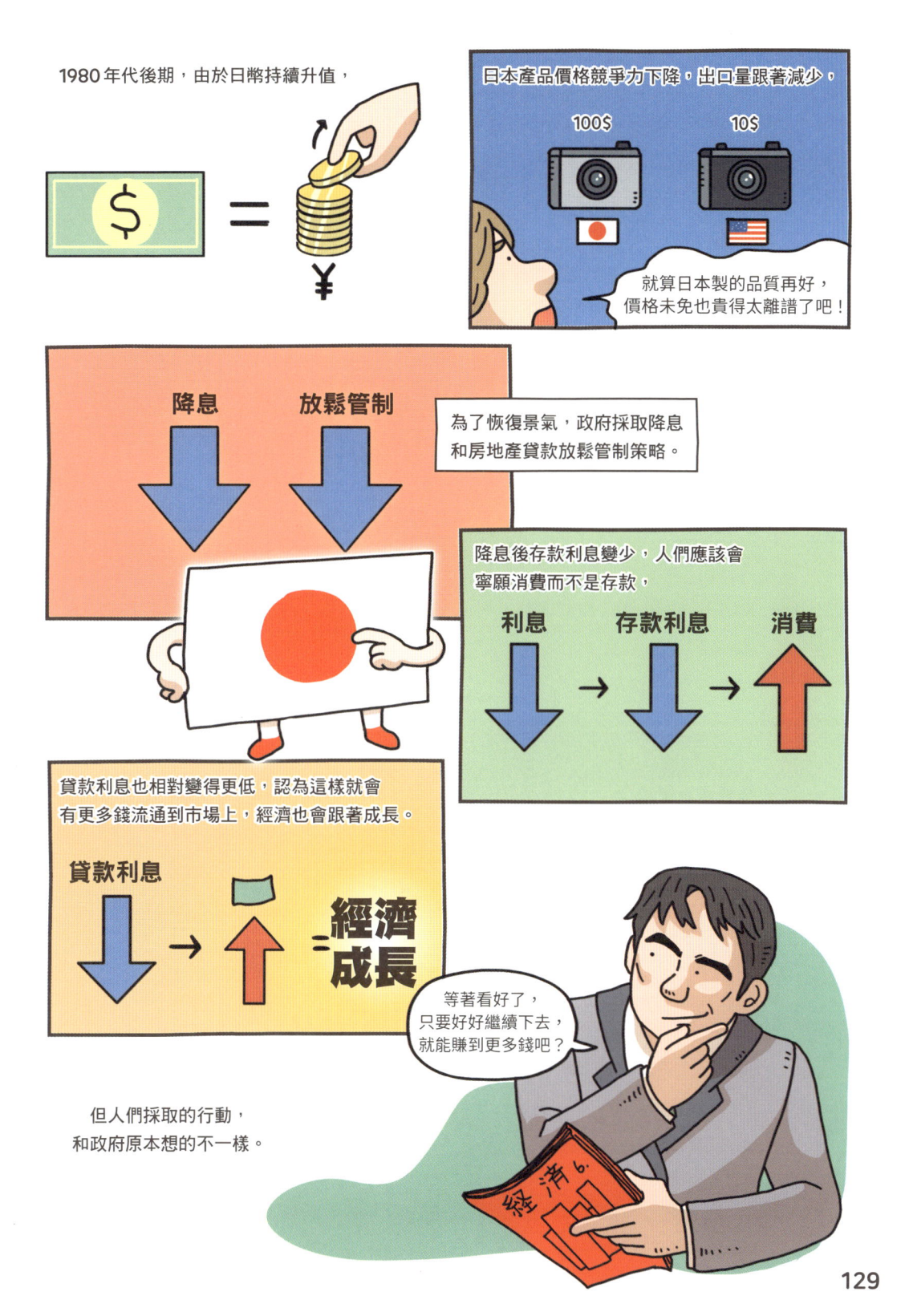

1980年代後期，由於日幣持續升值，

日本產品價格競爭力下降，出口量跟著減少，

就算日本製的品質再好，價格未免也貴得太離譜了吧！

降息　放鬆管制

為了恢復景氣，政府採取降息和房地產貸款放鬆管制策略。

降息後存款利息變少，人們應該會寧願消費而不是存款，

利息　存款利息　消費

貸款利息也相對變得更低，認為這樣就會有更多錢流通到市場上，經濟也會跟著成長。

貸款利息 = 經濟成長

等著看好了，只要好好繼續下去，就能賺到更多錢吧？

但人們採取的行動，和政府原本想的不一樣。

129

大家並沒有把錢拿去買東西或消費，
而是轉為投資股票和房地產。

尤其是房地產市場，價格一旦漲上去，
就不大會再下跌，因此吸引更多人湧入房市。
只要買起來放，除了保本之外，價格漲上去後還可以賺更多錢。

房地產市場

人聲　鼎沸

飆——升——!!

結果價格漲翻天。

於是，大家瘋傳有人買了股票和房地產
賺大錢的消息，掀起了
股票和房地產的投資熱潮。

呃。

你把錢花去哪了？
如果那筆錢用來
買房或買股票，
早就賺大錢了！

短短5年內，價格漲了快4倍，
股票也跟著漲上去。

房地產　　股票

物價也隨著開始上漲，

上漲 ↑ 25~50%

日本政府擔心通膨速度太快,決定放棄降息政策,改採用升息策略。

問題是,原本利息應該要緩緩上升的,卻一下子又突然升得太快。

房地產放鬆管制政策也一樣,改透過各種規定和限制過止炒房。

結果導致股票和房價暴跌。

以高價購入股票和房地產的人,不是破產就是欠債,就算是以相對低價購入的人,也一樣賠了不少錢。

貸款要怎麼還啊……

還真的是**浴室裡的笨蛋**。

雖然沒那麼嚴重,但韓國其實也一樣。政府推出的房地產政策從來沒有成功過。

唯一做的比較好的,大概就是讓房價不要漲得那麼快吧!

沒錯,我媽也說過,房價漲太多了,沒辦法買房子給我……

要是有人可以解決這個問題就好了……

Chapter 21 足以摧毀一個國家的龐氏騙局！

世界上最可惡的騙局——龐氏騙局。

「**龐氏騙局**」一詞源自義大利人查爾斯・龐氏的名字，

也是史上最嚴重的詐騙案，許多人因此付出慘痛的代價。

龐氏在美國成立辦公室經營廣告事業時，收到來自西班牙要求提供廣告型錄的信件，看到信封內附上的國際回郵，突然動起了歪腦筋。

對了！就是這個！

國際回郵券：寄信人為了讓收信人回信時不需要額外支付郵資，隨信附上的票券。

用這張券就不用郵資了對吧？

是的，小姐。

收到國際回郵券的人，回信時不必支付郵資，但每個國家的郵資都不一樣。

也就是說，只要在郵資較低的國家，大量購買國際回郵券後，
就可以轉賣到其他國家，藉此賺取差額。

只要負責載送國際回郵票券的船隻沒有沉船或被劫船，
也沒有遇到海盜，就能穩定獲利。

安然無恙～

由於保證獲利，投入的資金愈多，獲利也愈多。

這是錢滾錢
最棒的賺錢方式！

嘿嘿……

因此，龐氏開始招募投資者，宣稱這項方案投資報酬率高達400%，
一旦投資後，45天內可以創造出50%的利潤，90天後利潤翻倍。

也就是說1000元
會變成4000元，
1000萬元會變成4000萬元，
很棒吧？

說
服

這聽起來雖然像是無稽之談，

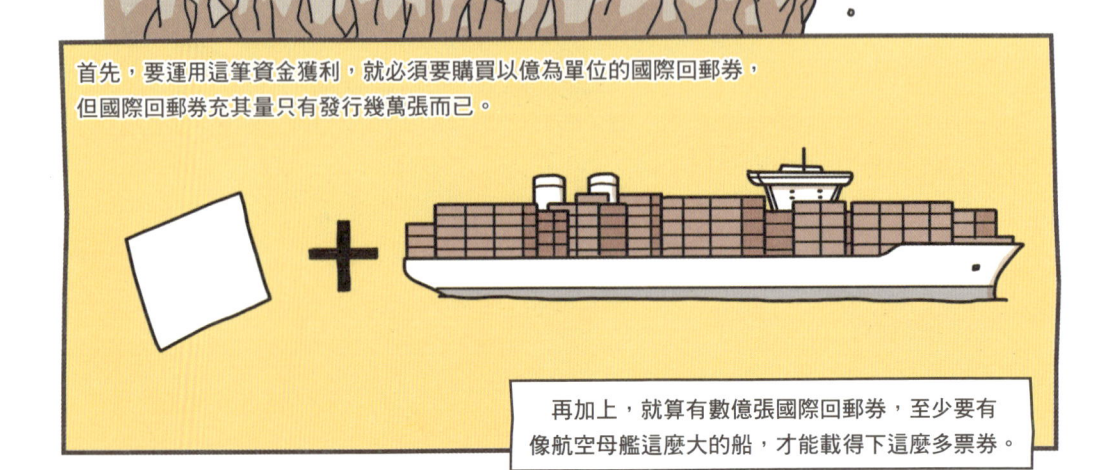

呃……

哇哇哇哇

但龐氏為了證明自己，向投資 1250 美元的少數投資者，發放 750 美元作為投資報酬。

於是，投資者投入的資金像滾雪球一樣愈滾愈大，龐氏募到了將近 1000 萬美元的資金。

龐氏覺得自己的人生正走向康莊大道，

但他的這項計畫很快就遇到了瓶頸。

首先，要運用這筆資金獲利，就必須要購買以億為單位的國際回郵券，但國際回郵券充其量只有發行幾萬張而已。

再加上，就算有數億張國際回郵券，至少要有像航空母艦這麼大的船，才能載得下這麼多票券。

最後，龐氏只好不斷利用舊資金和新資金，發放利息給現有投資者。

可是一旦缺乏更多新的資金流入，這個循環就無法繼續下去。

這很明顯是詐欺行為，心知肚明的龐氏，像是自暴自棄一樣，開始肆無忌憚地揮霍這些錢。

很快地，龐氏無法再發放獲利給投資者，這件事被報社揭發後，龐氏也因此入獄。

頭條！

龐氏詐欺
龐氏騙局的真相

獨家報導

龐氏的詐欺行為，導致投資者們只能拿回不到30%的投資金，

好幾間銀行甚至因此倒閉。

破產

損失金額以現在來換算，將近2億2500萬美元，相當於新台幣72億元。

135

在那之後，像龐氏一樣用投資金給付先前投資者的詐騙行為，就稱為「龐氏騙局」或「龐氏詐欺」。

到現在仍有許多人利用龐氏騙局進行詐騙，受害者不計其數。其中犯下史上規模最大的龐氏騙局的人，正是伯納・馬多夫。

嚓！

露絲・馬多夫

伯納・馬多夫

他曾擔任納斯達克證券交易所的主席，在美國是備受尊崇的投資者，而他白手起家，透過努力工作賺來的錢投資而一舉成功的故事最為著名。

他用賺來的錢成立慈善基金會，捐出鉅額善款，並舉辦各種慈善活動，也是一位公認的慈善家。

但事實上，這只是另一場龐氏騙局而已。

馬多夫出席各種富豪社交聚會的場合，宣稱只要投資自己，保證每年就能獲利10%，吸引到龐大的資金。

馬多夫靠吸取投資者的資金過生活，卻什麼也沒做，只是用每年收到的投資金來發放利息而已。報酬率會隨著經濟情勢調整，每年約8%～16%。

這些都只是為了讓人們相信自己的手段。

伯納！伯納！
哇──！
馬多夫！馬多夫！
哇──！
哇啊啊！！

結果，人們瘋狂追捧馬多夫，讓他因此聲名大噪。

無數的資產家和名人投資馬多夫，這些人本來就很有錢，只要固定可以領取利息，大多不會突然贖回本金，馬多夫吸引到龐大的資金，就算有人要求贖回，也可以爽快退還。

史蒂芬‧史匹柏　　約翰‧馬克維奇　　凱文‧貝肯　　埃利‧維瑟爾

137

是一場讓人不得不相信的完美騙局。
然而，2008年美國爆發金融危機，
霹
大恐慌
靂！
許多人紛紛要求贖回本金，
而早就把本金揮霍光的馬多夫，
最後只好向警察自首。
這段時間我都在騙人，
對不起，我會配合
調查的。
詐騙金額高達73兆韓元。
73兆!!
以韓國2008年年度總預算約257兆來看，真的是相當離譜的事情。
等於一個人就浪費掉了73兆。
一個人花73兆？
有夠厚臉皮，
真是的！

馬多夫被美國法院判處150年徒刑入獄。

本庭宣判罪大惡極的馬多夫處以150年有期徒刑！

咚！
咚！

只看見眼前的樹木，沒察覺到是一片森林，才會遇到龐氏騙局這樣的事。

世上絕對沒有保證獲利的投資，即使是再厲害、再有名的投資者，都有可能會投資失利。

但龐氏騙局就是保證高獲利，並且實際發放利息。如果只顧眼前的利益，就會看不見不對勁的地方。

不要只看眼前的樹木，森林……筆記……

Chapter 22 操控市場運作！看不見的手！

要是有人像童話故事《長腿叔叔》中的叔叔一樣，在背後默默幫助我，那該有多好？

提供金錢援助讓我去上學，

甚至會寫信安慰我。

或是像《小公主》裡的莎拉一樣，

從特殊獎學金生變成女僕，但在遇見像卡里斯福德先生這樣的貴人後，又變得像公主一樣富有就好了。

別做白日夢了,只想著要別人幫助你,總有一天會變成乞丐。應該要想辦法自己闖出名堂才是……嘖嘖……

什麼?!你說夠了沒?!想找架吵是不是?!少在那邊胡說八道!

好了啦,冷靜點。現實生活中或許很難找到這樣的人,但經濟領域中確實有這樣的存在。

就像長腿叔叔或小公主一樣。

在經濟學中有一隻「**看不見的手**」,默默地操控市場,造福整個社會。

提供給製造商適當的利潤,

以適當的價格供貨給消費者,滿足所有人的需求。

141

指的就是在自由競爭的情況下，形成公平交易的市場。

讓大家可以自由決定要買什麼？買多少？要賣什麼？賣多少？

人們為了搶生意開始競爭。

買10個打9折！

我們這買2送1！

我想多買一些碗說……

而且在這過程中，並沒有人刻意或是有意規劃，但最後所有人都能因此獲利。

那個，我也要各10個！

哇！太好了，給我各10個！

好便宜啊！

這些都是受到「看不見的手」的指引。

什麼意思啊？是誰的手不僅看不見還會指引我們？

妳最近是信了什麼邪教嗎？還是有幻聽或幻覺？

才不是咧！我正常得很！

雖然說得有點誇張，但說穿了也沒什麼，
看不見的手其實就是價格！

當然絕對不是指真的能打到人的手！

我們在日常生活中看到的產品或服務的價格，就是看不見的手。

這束花是**2萬元！**

有時候，我們會認為價格是由產品的製造商或提供服務的人決定的，但其實大錯特錯！

通常消費者都希望價格盡可能便宜一些，但並不是只要價格便宜就好。

無論是產品或服務，都必須是有價值且有用的。

這是什麼啊！白買了！

洗衣機雖然要2萬3……但不太容易壞，又有烘乾功能，很值得買。

相反的，賣家則希望價格盡可能賣貴一些。
就算是再爛的產品或服務，也都希望能賺更多錢。

但如果產品賣得太貴，
消費者不買單，就無法獲利。

143

再加上，如果價格比不過其他賣家，也可能會被市場淘汰。

菲菲髮廊理髮師很親切～而且頭髮顏色染得很好看，價格又不貴，感覺很不錯。

有時候會發生供不應求的狀況，相反地也可能會有供過於求的情形。

我去莎莎髮廊結果頭髮燙壞了……態度是很親切，但價格很貴……

嗯，菲菲髮廊的評價確實不錯，喔！另一間叫菲菲SHOP的評價也不錯。

由於製造商和賣家之間激烈的競爭，商品訂價過高或過低，都很可能會讓東西賣不出去。

因此，自由市場就是製造商和賣家為了滿足消費者需求而運作的，透過價格這隻看不見的手。

因為吸塵器市場已經趨於飽和，開始打價格戰了。

比起這個要是有會自己打掃的吸塵器就好了呢～

哇！吸塵器變好便宜～！最近吸塵器好像降價了。

所謂的自由市場機制，就是並非人為刻意操控產品和產量，而是根據消費者的需求制訂的。

因此,供應商和銷售商為了滿足更多消費者的需求,會開發出更好的技術和製造更多新產品,

咻咻咻

引領大家朝最符合社會整體利益的方向前進。

哇 這個非買不可!!!

當然,光靠看不見的手無法解決一切,有些領域就不適用。

國防　治安

價格控管　進入障礙

但除了這些領域以外,
讓市場可以自由運作才是最理想的做法!
看不見的手與我們同在!

Chapter 23 怕了嗎？那就不要玩啊！膽小鬼賽局！

英文中的「Chicken」除了是炸雞之外，也有「膽小鬼」的意思。

CHICKEN = COWARD

而**膽小鬼賽局**（Chicken Game）就是一種互相比膽量，看誰是膽小鬼的遊戲。

遊戲方法是兩個人開車相向而行，堅持到最後沒有轉動方向盤的人就是贏家。

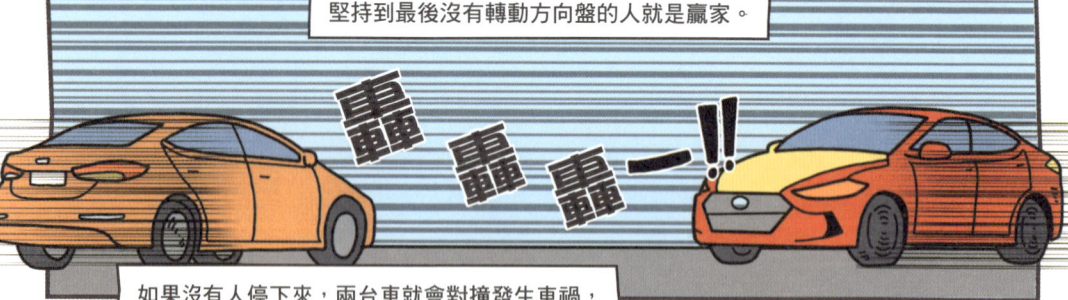

轟轟轟—!!

如果沒有人停下來，兩台車就會對撞發生車禍，藉由這場賽局，看誰的膽量更大。雖然明知道可能會兩敗俱傷，

BANG

哇啊啊—!

但在比賽中絕對不能向對手示弱。

像這樣的膽小鬼賽局,在現實生活中可能很難看見,
但這種遊戲在經濟上卻比想像中更常見到,
企業有時會不顧一切,即使賠本銷售也在所不惜。

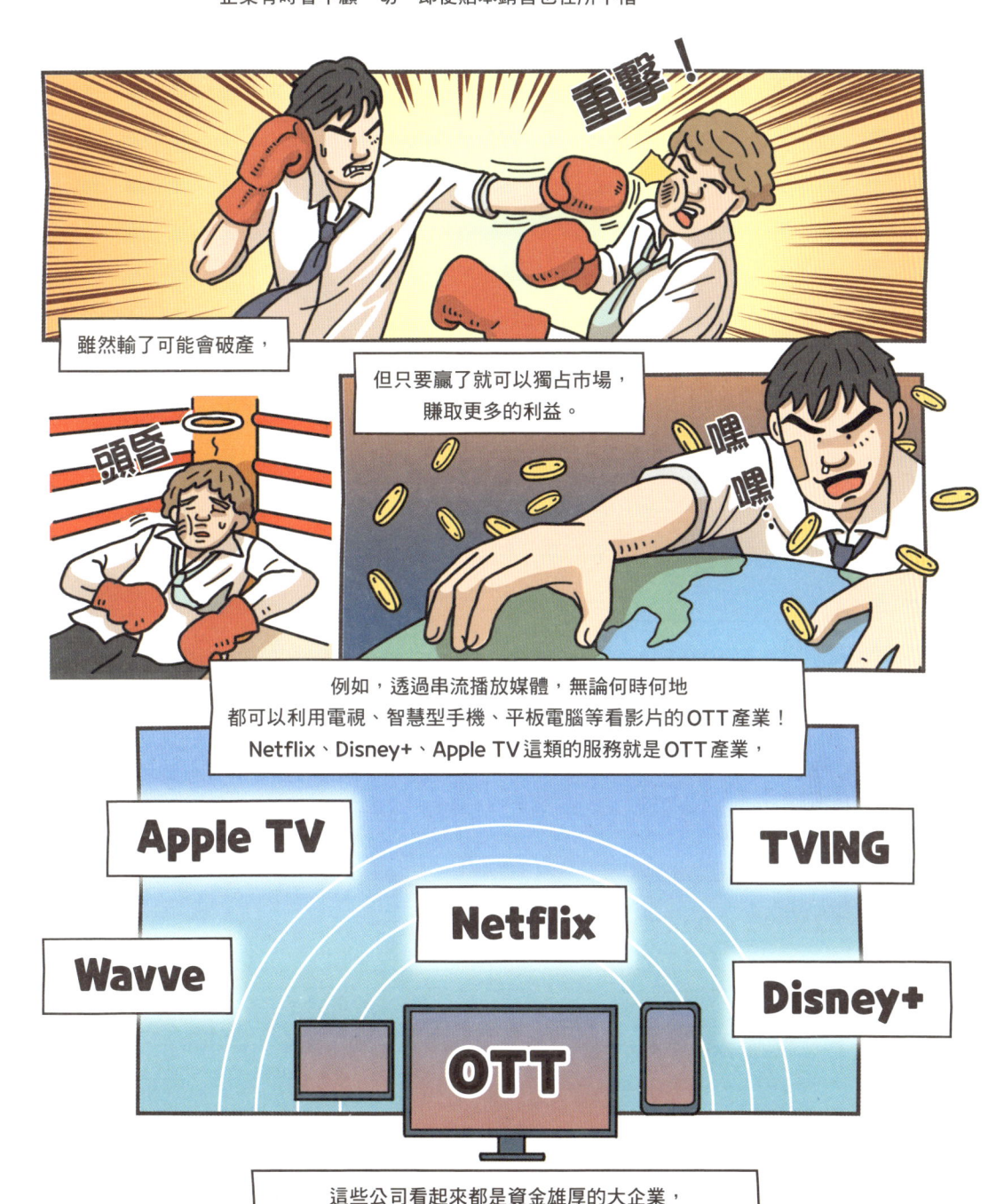

重擊!

雖然輸了可能會破產,

但只要贏了就可以獨占市場,
賺取更多的利益。

頭昏

嘿嘿

例如,透過串流播放媒體,無論何時何地
都可以利用電視、智慧型手機、平板電腦等看影片的OTT產業!
Netflix、Disney+、Apple TV這類的服務就是OTT產業,

Apple TV

TVING

Netflix

Wavve

Disney+

OTT

這些公司看起來都是資金雄厚的大企業,
但事實上並非如此,其實它們都深受膽小鬼賽局所苦。

你可能會無法理解,明明新冠疫情導致人們無法從事戶外活動或去電影院,而讓OTT產業因此出現爆發性的成長。光從市場規模來看,就從新台幣2.4兆元擴大到4.4兆元,增長了近兩倍。

市場規模
訂閱人數

所有企業都因為訂閱人數增加,訂閱收入也跟著水漲船高,但相對地支出也跟著大幅增高,導致虧損。

Netflix

從2011年至2020年,Netflix累積虧損約960億美元!

960億

韓國的OTT產業只是規模不同,實際上也是一樣的情況。像是Wavve、Watcha和TVING這些公司,光是2020年虧損就分別高達169億、155億和61億韓元。

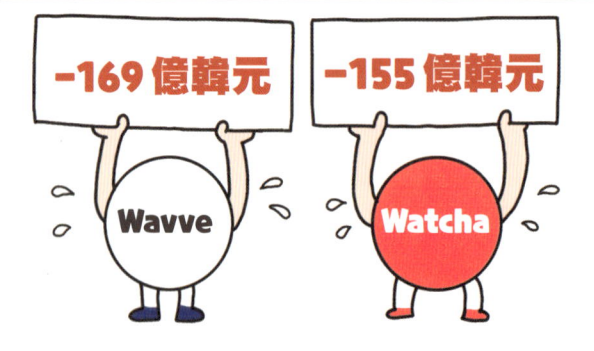

−169億韓元　Wavve

−155億韓元　Watcha

−61億韓元　TVING

這是為什麼呢？因為OTT業者們砸了許多錢購買版權！

根據推算，美國OTT產業就有8間光是一年購買的版權費大概就要花費1130億美元。

1130億

喂！還不快點投降?!

哼！你才要認輸吧！

每間公司都在虧損，卻仍瘋狂砸錢買影片版權想贏過對方，可以說是不折不扣的膽小鬼賽局。

這是因為雖然砸大錢買影片版權會造成財務赤字，但如果為了避免虧損，不肯花任何錢投資，公司也可能會因此倒閉。再加上，OTT產業的消費者對影音平台的忠誠度也偏低。

聽說Netfilx原創影集第二季出來了，看完這部我就要取消訂閱。

等於是用一張電影票的錢來看6小時的影集呢。

比起一次訂閱眾多影音平台來觀賞影片，更多人是當某平台沒有推出自己想看的影片時，就會取消訂閱改訂其他平台，消費者呈現流動的型態。
可以馬上看到國內影集！
Wavve
蜂擁
而至
Netflix
喧鬧
這裡有很多熱門英雄片！
傳奇都在這裡！
Disney+
擁擠
我訂閱過那間，但大部分都看過了……
我想看的影片是哪家有啊……
也就是說，站在OTT業者的角度，為了鞏固消費者，必須不斷推出有趣的新影片，否則就會被其他平台迎頭趕上。
轉播權
噠噠噠噠噠—！
因此，影音平台會購買體育賽事轉播權，或是簽下熱門戲劇或電影的獨家播放權。
N
本以為沒啥好看的，卻一直有新片可以看……真是太棒了！
甚至推出原創作品，展開激烈的競爭。
你們看過了嗎？一群人在生存遊戲中，最後獲勝的人可以獲得一大筆獎金。真的很好看！
那個我看過了，還滿有趣的。
我很喜歡那一幕，人們互相廝殺那裡，演得實在太逼真，我都不寒而慄了。

但到了某個時間點,一定會有輸家退出市場,
因為訂閱人數有限,市場也不會一直無限擴大。

再加上,無法一直忍受虧損,不知道要從哪裡生錢,
當虧損到達臨界點時,自然而然就會放棄。

最後撐不下去的公司,
就會被其他企業合併,
或是默默地消失。

就像 YouTube 宣布從 2016 年起,全面停止製作原創節目一樣。

YouTube 原創節目

停下腳步就會被市場淘汰……
紅皇后……您說的果然沒錯……

膽小鬼賽局……
好可怕……

Chapter 24 破壞即是創造，創造性破壞！

哈哈……很好！就是這樣！在創造之前必須先破壞！

你、你在幹嘛！

媽媽你看！這是我一手打造出來的全新作品……！

啊！為什麼這樣對我？我做錯什麼了？你沒聽過「創造性破壞」嗎？

還不給我安分點！

創造性破壞只是個名詞，不是要你真的破壞東西！而是埋葬舊事物，持續創造出新事物的意思！

就是說啊！

隨著新技術出現或舊技術進步，創造出更好的產品、服務、組織和方法，市場也跟著不斷變化和成長。

過程中，原本既有的商品市場逐漸萎縮，
到最後甚至被市場徹底淘汰，
才會因此用上「破壞」這個詞。
停產
哐！
原來如此……所以我這樣的行為其實是……
沒錯，只是純粹在搞破壞而已……天啊！這些很貴耶……
但有可能這樣做也是創造性破壞也說不定。
扭來扭去
咦？真的嗎？
執行創造性破壞的公司，也總會面臨到這樣的風險。
因為創造性破壞不保證絕對成功，就算成功了，
也不一定會被市場接受。
我不需要你，也不需要你帶來的任何東西，我已經過得很幸福了。

實際上，美國埃克森美孚這間公司
原本是石油化學產業，就曾在1972年嘗試以
創造性破壞的方式，轉型成綜合能源企業，
EXXON Mobil
甚至成功開發出用在筆記型電腦、智慧型手機、電動車等
各種電子設備所使用的「鋰電池」，
但過了50年後的現在，卻不是
電池產業的龍頭。
EXXON Mobil
怎麼會這樣？最先開發的公司
不是應該有先行者優勢嗎？
哇！你從哪裡學到的？
真是太厲害了！
我兒子好棒！
雖然成功開發出鋰電池，
但因為很少有設備需要用到像鋰電池這麼多電力的電池，
不是啊！這個產品
真的更好用耶……
不需要！
我們不買！
再加上鋰電池價格太貴等原因，被當時的市場拒於門外。

儘管如此,如果不先開發新產品或新技術,可能會被其他企業迎頭趕上,或是因為市場競爭太過激烈,導致獲利減少。

創造性破壞可說是讓企業被壓力重壓、喘不過氣的現象。

身為開發技術人員,怎麼會膽子這麼小?快開發更創新的東西!

你以為我不想嗎?就算開發出來,市場不接受的話就完蛋了!

當然,這也是一股很大的動力。因為有可能讓原本的產業排名大洗牌,一下子躍升龍頭寶座,成為引領市場的先驅者。

有誰一開始就會想著失敗?做就對了!
大膽去試吧!

對消費者來說,能夠體驗到更好的產品和服務,是件很幸福的事。

當時大家認為家裡沒有必要擺放家用電腦,但現在家家戶戶都有一台電腦。

相機也從原本需要把照片洗出來的底片相機，演變成拍立得和數位相機。

而從有線電話到智慧型手機的出現，
也是相當驚人的發展，

甚至是從以前小台的舊型映像管電視，
到最近還出了100吋的大電視。

雖然創造性破壞
會分出贏家和輸家，
但過程中若有企業成功，
我們也可以因此受益，

能夠期待技術出現更創新的發展，
從這一點看來，創造性破壞
可以說是一件好事！

Chapter 25

雙面刃，
國營事業與民營化！

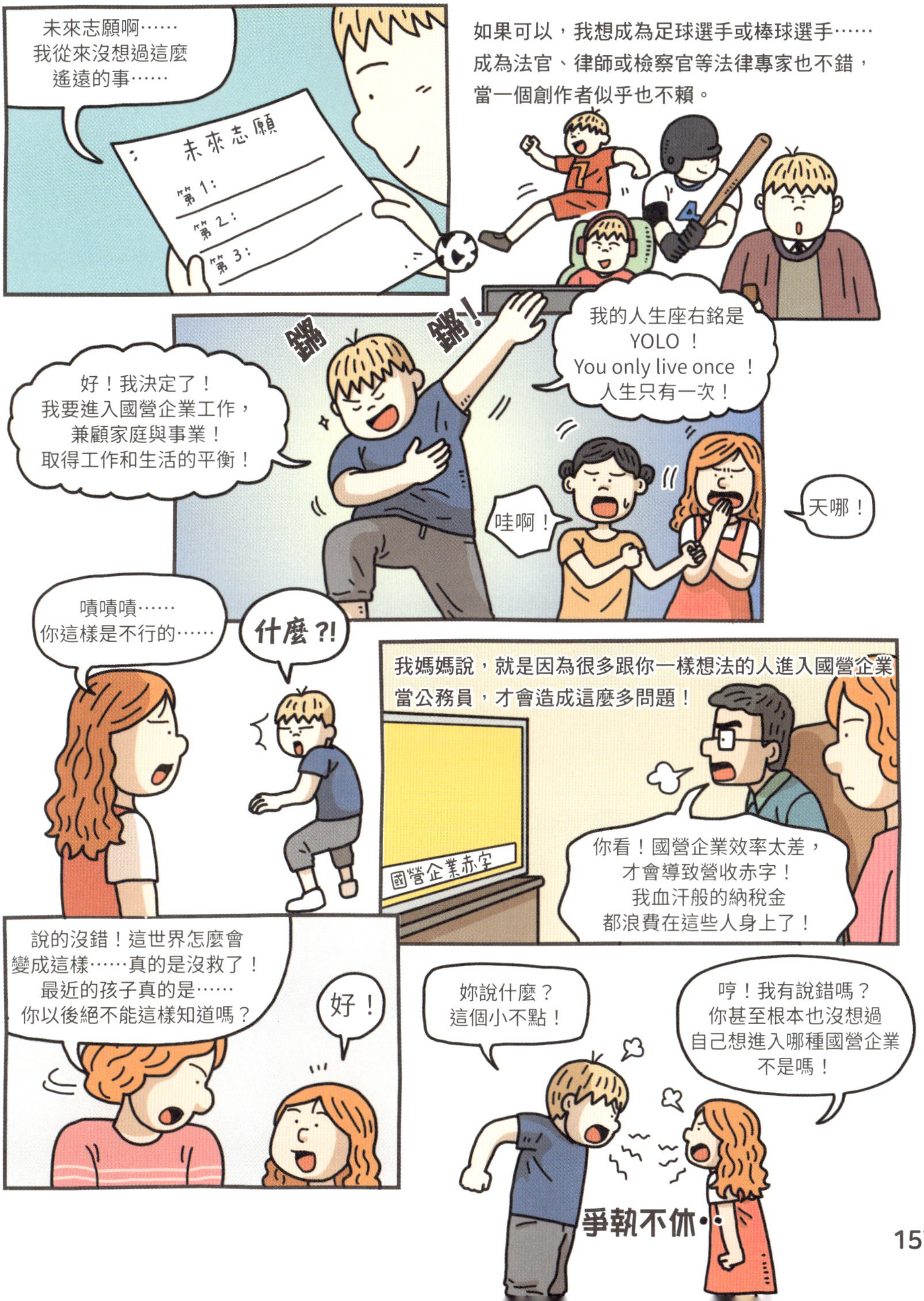

好了！ 你們兩個都冷靜點，別吵了！

所謂的**國營企業**，指的就是由國家經營，或持有大部分股份的企業。

是由政府創辦的公司，不然就是由政府發放薪水！

和其他民營企業一樣，都是為了追求利益，但最終目標是不一樣的。

國營企業　民營企業

即使是人們需要的服務，但因為很難獲利，民營企業通常不大願意參與，

NO!

或是需要龐大資金，沒有民營企業願意投入時，國營企業就會挺身而出。

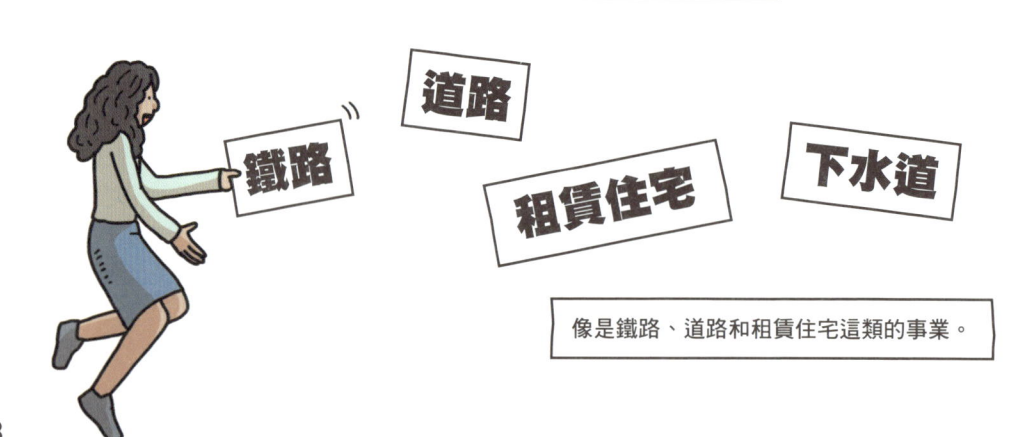

鐵路　道路　租賃住宅　下水道

像是鐵路、道路和租賃住宅這類的事業。

此外，屬於人們生活必需品，即使是在沒有競爭的情況下有望獲利的事業，
也會交由國營企業負責。因為如果民營企業不堪虧損而中斷供應，會影響人們的生活。
像是電力、瓦斯、自來水等。
雖然國營企業
透過這種方式可以獲利，
但最大的目的還是提供服務給人民。
因此，即使會稍微虧損，還是以低廉的價格，
提供給人民產品和服務。
還好電費不貴……
如果漲太多就
頭痛了……
但繼續這樣下去，虧損就會愈來愈嚴重。
錢愈來愈少了……
這時就會拿人民的納稅錢去填補虧損。
沒辦法，
唉……

但如果為了避免虧損，大幅調漲電費或收費站費用，

處於經濟弱勢的族群，有可能連付都付不起。

> 爸爸能開冷氣嗎？這根本不是人過的生活……

> 沒辦法，忍一忍吧！電費實在太貴了……

> 國營企業太偉大了！完全是正義的使者啊！

但國營企業和民營企業不同的地方在於，因為不用和其他公司競爭，通常可以保證做到退休，反而會變成問題。

> 學長，這是您交代我這週內要完成的工作……但您給我的資料錯誤太多，麻煩您檢查過後再給我。

> 喂！這種事你自己確認不就行了嗎？花不了多少時間吧？

> 但這禮拜前要完成，怕時間來不及……

> 今天要去聚餐，大家有空嗎？工作做得完嗎？

> 好！沒問題！我這週的工作都已經做完了，有的是時間，哈哈！

> 部長！今天吃牛肉嗎?!

如果是和自己不相干的工作，不是抱著事不關己的態度，不然就是缺乏責任感。和民營企業相比，管理上較為鬆散。

怎麼會有人工作態度是這樣的？真的太過分了！等我升上主管後，我連一根手指頭都不會動！
啊～
不行！振作點，為了人民，就算只有我也要認真工作！
砰咚！
以韓國高速公路局為例，曾經在需求不高的地區，開闢了一條新的支線。
ex
韓國高速公路局
不知道為什麼要擴建，但叫我們做就做吧！像我們這種人哪來的說話權？唉……
砰砰砰…
驚！
另外，像是鐵路局硬是要地下化，建設費用比預期多出許多，
KR
國家鐵路局
預算案
也曾經為了施工方便，把車站蓋在偏遠地區，而不是效益高的地方。
蓋好了！
為什麼車站要蓋在那？真正有需求的地方是這裡耶……
甚至縮減直達車班次。
直達列車
臨時停駛
造成不便敬請見諒

或是砍掉因應緊急事故的備用路線，

也曾經推動一些沒有意義的建設。
因為沒有其他企業競爭，才會發生這樣的事。

轟隆隆——

無言

還有像是供應自來水的上水道系統，由於設備老舊，很多水都漏到地底下了，
管線設備卻還是沒有進行修繕，導致經常發生問題。

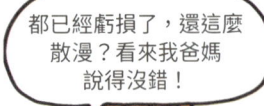

看來人類
也不是完美的！
對我們來說是好事。
吱吱吱！

滴答　　滴答

都已經虧損了，還這麼散漫？看來我爸媽說得沒錯！

只是有這種案例，不代表國營企業都是這樣！也有人是為了國家共同利益而努力，你說這種話對嗎？

這些問題其實都有解決方法，雖然反對的人也不少。

那就是民營化。

所謂的**民營化**，就是將國營企業的一部分或是全部交由民間企業管理。

遞

因為國營企業的所有問題，都來自於缺乏競爭力所造成的，

靠近

162

因此，解決方法就是把國營企業推往競爭激烈的市場。

簡而言之，就是把國營企業變成民營企業。轉型為民營企業後，就可以解決各種問題。

因為和一般企業一樣，會想要追求最大利潤，

透過競爭除了可以提升經營效益和靈活度，也會針對各種產品和生產程序進行創新改革，對提升品質和價格競爭力也會有正面影響。

站在國家的角度來看，可以因此獲利，

稅金　使用費

對消費者而言也是好事，使用產品或服務時，也不需要支付雙重費用。

民營化才是解決之道！有問題的國營企業應該通通改成民營化才對！

胡說八道！這樣誰來維護共同利益？

因為很多人跟你們一樣意見分歧，因此國營企業和民營化就像是一把雙面刃，轉型時必須非常小心翼翼。

因為一時的選擇，可能會造成無法挽回的損失。

就像位於南美洲的玻利維亞。

玻利維亞在1980年代受到全球民營化浪潮影響，決定將自來水事業交由跨國公司管理。

但這間跨國公司接管後，短時間內大幅調漲水費，足足漲了將近兩倍。

玻利維亞人民平均薪資只有60美元，但水費居然調漲到120美元。

最後人們只好透過收集雨水，或是到溪邊、湖邊取水的方式生活。

人們當然不會就此善罷甘休，他們組成民間團體向政府抗議。

這是什麼爛政策！水費貴到連用都用不起！這樣像話嗎？政府請好好反省！

政府雖然發布戒嚴令試圖鎮壓人民，

但人民和軍人之間爆發激烈衝突，甚至造成人民傷亡。

最後演變成一場名為「水資源戰爭」的內戰。

哇！ 哇！

看吧？民營化到底有什麼好的？

只是方法用錯而已！方向錯誤才會造成這樣的結果！

跟民營化沒關係！

你們先聽老師把話說完！

同樣位於南美洲的哥倫比亞，卻有不一樣的結果。

哥倫比亞政府也是在1990年代將自來水事業交由跨國公司管理，但和爆發內戰的玻利維亞不同，民營化的成效相當不錯。

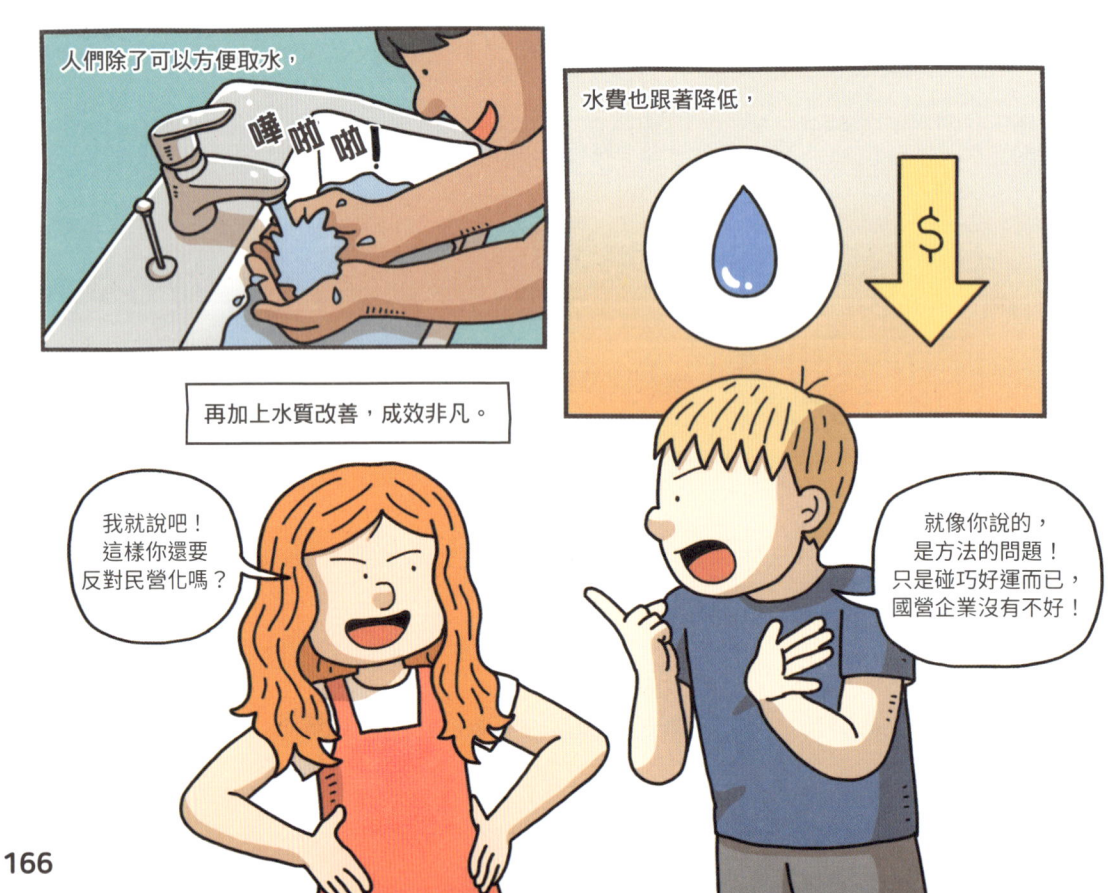

GOOD!

人們除了可以方便取水，

嘩啪啪！

水費也跟著降低，

再加上水質改善，成效非凡。

我就說吧！這樣你還要反對民營化嗎？

就像你說的，是方法的問題！只是碰巧好運而已，國營企業沒有不好！

雖然民營化完美成功的案例不多，但不管是成功或失敗的案例，情況都不同。
你們說的其實都對。
國營企業有它的優點，
民營化也一樣有它的好處。
國營企業有它的缺點，
民營化確實也有它的壞處。
問題在於何時推動？如何推動？執行方法是否正確？是否會造成額外問題等等，這些都必須一一檢視！
將國營企業民營化並不是單純分成「好事」或是「壞事」！
而是必須不斷思考找出核心問題以及最合適的解決辦法！

Chapter 26 你喜歡哪種海？
紅海和藍海！

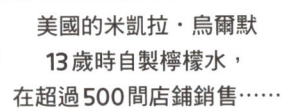

美國的米凱拉・烏爾默13歲時自製檸檬水，在超過500間店鋪銷售……

原本在教室裡和同儕一起上課的她，

突然搖身一變成為創業家，在眾人面前演說，

各家媒體採訪邀約接踵而至。

同時兼顧學業和事業，辛苦嗎？

當然辛苦。

有時候為了接受採訪或上節目，不得不缺課；當學校有重要課程或考試時，也可能無法出席業務會議。

但我身為一年賣出36萬瓶檸檬水的年輕創業家，再累也必須忍耐！嘻！

既然她可以做到，那我也可以！

雖然不是賣檸檬水，但我親手自製的番茄汁，比任何番茄汁都還要好喝！

伸！

從今天起，我也是創業家！不僅賺錢，我還要進軍海外市場！衝啊！

別做夢了～
怎麼可能靠番茄汁稱霸市場賺錢……
少在那裡痴人說夢了。

喂?!
妳有喝過我的番茄汁嗎？
每個人喝了都讚不絕口！

重點不在於番茄汁好不好喝，
要考慮的還有很多……

再加上，番茄汁市場已經是**紅海市場**！

當同質性商品已經有很多人在賣，
這種競爭相當激烈的市場，
就稱為紅海市場。

會稱作紅海市場，
是因為在相同顧客群及相同目標下，

大家為了搶攻有限市場展開激烈競爭的場面
就像被血染紅的大海一樣。

你想賣的番茄汁就是如此！

價格呢？瓶子設計呢？還有標籤呢？

咄咄逼人

不管多好喝，你打算拿什麼跟別人競爭？

你要怎麼大量生產？怎麼銷售？

還有行銷打算怎麼做？

我問的這些問題，你有想過嗎？

不管哪個產業都是紅海市場！

炸雞店

咖啡廳

便利商店

網咖

還有像是電子商城等自營業！

甚至是各種製造業！

想要在紅海市場中生存，簡直比中樂透、
比摘天上的星星還難。
噠噠噠—！
再這樣下去
不是你死就是我活，
還是放棄算了。
砰
企業們並不傾向拓展市場開發新客源，
而是透過競爭，搶走對方手上的既有客戶。
覬覦
乖乖把手上的
獵物交出來！嘿嘿……
不是致力於開發新產品，
而是打價格戰廝殺。
註冊網路&電視會員
2000元大方送！
家電盛會！
現金回饋！
即使為期不長，也想盡辦法提高市占率，增加知名度！
但像我們這種普通人
出來賣番茄汁？
是絕對行不通的！
原來如此……
看來還是不行……我的番茄汁
真的很好喝說……
是奶奶的獨家祕方……嗚……
嘖
沒關係，
再另外想其他的
點子就好。

嗶—啪！

不必太難過！想別的方法就行。

那就是開發出邁向藍海的新產品！

在寬闊蔚藍的大海，漁獲隨手可得！指的就是目前尚未開發，或鮮為人知、幾乎沒有競爭者的潛力市場！

這正是所謂的**藍海市場**！

哇～！沒想到這裡漁獲這麼豐富！

因為在藍海市場，是透過開發新產品或提供新服務獲利，而不是單靠競爭。

? + ! =

只要找出可行項目，就能大量獲利並快速成長。

不必擔心在競爭中拚個你死我活，初期投入成本也相對較低，

你們只需要這些錢就好嗎？

嗯！這些就夠了！

在市場上有先行者優勢，可以拉開與後進者之間的距離，也比較容易獲得投資。

咻 咻 咻 咻 咻

衝啊！朝向世界第一！

但只是說說而已……怎麼可能研發出新產品，或是想出全新的服務。

對啊！我怎麼可能辦得到？你忘了我們還是學生，不僅沒錢，懂得也不多。

乾脆好好認真念書，直接進大公司上班還比較輕鬆！

你們誤會了，不需要全新開發也行。就算是原本的產品或服務，

只要增加其他元素，就可以開拓出新市場！

DIET DRINK!

173

加拿大的太陽劇團，就是最經典的例子。

曾經表演用嘴巴噴火而聲名大噪的「拉里伯提」號召雜技演員組成名為太陽劇團的馬戲團。

耶！萬歲！
我們是業界的第一名！

當時，大多數的馬戲團主要是訓練動物來表演特技，

但太陽劇團不一樣。

搖晃 搖晃

NO ANIMAL

嗖

全數取消動物表演的橋段，在馬戲表演中
添加了感人的故事情節、音樂、舞蹈和音樂劇元素。
砰咚！
結果，太陽劇團成功開創出藍海商機，
堪稱是史上最成功的表演藝術產業典範。
大排
長龍
世界巡迴演出的太陽劇團
居然來我們國家表演了！
好想快點看到喔！
嗯～看來只要
想出好點子就行！
沒錯！可能會成為
大富翁也說不定！
雖然沒那麼容易就是了。

國家圖書館出版品預行編目（CIP）資料

世界經濟大發現：解開黃金與貨幣的價值之謎，
用經濟學了解世界的運作方式 /Team. StoryG 著
; 鄭筱穎譯 . -- 初版 . -- 臺北市 : 臺灣東販股份有
限公司 , 2024.11
176 面 ; 16.8×23 公分
譯自 : 세계경제 인문학
ISBN 978-626-379-603-4(平裝)

1.CST: 經濟學 2.CST: 通俗作品

550　　　　　　　　　　　　　113014182

세계경제 인문학
(World Economic Humanities)
Copyright © 2023 by Team. StoryG
All rights reserved.
Complex Chinese Copyright © 2024 by TAIWAN TOHAN CO., LTD.
Complex Chinese translation Copyright is arranged with OLD STAIRS
through Eric Yang Agency

世界經濟大發現

解開黃金與貨幣的價值之謎，用經濟學了解世界的運作方式

2024 年 11 月 1 日初版第一刷發行

作　　　者	Team. StoryG
譯　　　者	鄭筱穎
特 約 編 輯	邱千容、柯懿庭
美 術 編 輯	許麗文
發 行 人	若森稔雄
發 行 所	台灣東販股份有限公司
	＜地址＞台北市南京東路 4 段 130 號 2F-1
	＜電話＞ (02)2577-8878
	＜傳真＞ (02)2577-8896
	＜網址＞ https://www.tohan.com.tw
郵 撥 帳 號	1405049-4
法 律 顧 問	蕭雄淋律師
總 經 銷	聯合發行股份有限公司
	＜電話＞ (02)2917-8022

著作權所有，禁止翻印轉載。
本書如有缺頁或裝訂錯誤，
請寄回更換（海外地區除外）。
Printed in Taiwan

TOHAN